Sanaya Roman
Sich den höheren Energien öffnen

An Euch alle, die Ihr
die Einheit des Ganzen
und die Ganzheit des Einen
entdeckt

Sanaya Roman
(für Orin)

Sich den höheren Energien öffnen

Die unsichtbaren Kräfte des Universums nutzen

Aus dem Englischen von
Waltraud Ferrari

Ansata-Verlag

Die Originalausgabe erschien unter dem Titel
«Personal Power through Awareness.
How to use the unseen and higher Energies of the
Universe for spiritual Growth and
personal Transformation» bei H. J. Kramer Inc.,
P. O. Box 1082, Tiburon, California 94920, USA.

Ansata Verlag
Ansata ist ein Verlag der
Verlagsgruppe Random House GmbH

ISBN 3-7787-7117-5

12. Auflage 2004

Einbandgestaltung: Robert Wicki
Druck und Bindung: Kösel, Krugzell

Inhalt

Dankeswort 13

I **Grüße von Orin** 15

Man kann die Energien, die man unbemerkt empfängt, unterscheiden lernen 16
Sie gleichen einem Radioapparat 17
Ihre Energiezentren öffnen sich 19
Die meisten von Ihnen waren bereits als Kind sehr sensibel 20
Es ist wichtig, Weisheit zu entwickeln, Schmerz loszulassen und über das Negative hinauszuwachsen 21

II **Das Wahrnehmen von Energien** 23

Durch Visualisierung kann Energie transformiert werden 24
Jedes Heim beherbergt die Energien und Gedanken seiner Bewohner 27
Das Universum gibt Ihnen ständig Hinweise 28
Übungsbogen 31

III Wie man die unsichtbaren Energien seiner Umgebung verstehen und lenken lernt 32

Je deutlicher Sie Energien wahrnehmen, um so bewußter wird Ihnen Ihre eigene innere Führung 33
In dem Maße, wie Sie Ihr Herz öffnen, können Sie Energien wahrnehmen 36
Ihr Vorstellungsvermögen ist ein hervorragendes Instrument zur energetischen Wahrnehmung 38
Konzentration beschleunigt die Zeit und lenkt Energie 39
Wenn Sie sich in einer schwierigen Situation befinden, senden Sie Liebe aus 40
Verbringen Sie Ihre Zeit im Gedanken an Dinge, die Sie sich wünschen, und nicht im Gedanken an Unerwünschtes 43
Übungsbogen 46

IV Wie man die Energien anderer Menschen spürt 48

Körperliche, emotionelle und gedankliche Bewußtheit ermöglichen Ihnen festzustellen, welche Wirkung andere Menschen auf Sie ausüben 49
Setzen Sie weder sich selbst noch jemand anderen ins Unrecht 51
Wenn Sie sich herabgesetzt fühlen, ist das ein Zeichen dafür, daß andere Menschen für Ihre Energien nicht offen sind 53
Wollen Sie eine heilende Verbindung zu anderen herstellen, sollten Sie wissen, wieviel zu geben und wieviel zu nehmen ist 55
Emotionen helfen Ihnen beim Erschaffen von Realität 58
Hören Sie mit ruhigem Gemüt zu 60
Übungsbogen 61

V **Wer bin ich?** 62

Für sich selbst einstehen 63
Sie sollten wissen, wann Sie auf Ihre eigenen Bedürfnisse zu achten haben und wann Sie selbstlos sein können 64
Fühlen Sie sich nicht für das Glück anderer verantwortlich 66
Geben Sie anderen, was Sie selbst empfangen möchten 68
Will man Angst auflösen, muß man ihr direkt begegnen 69
Lieben und akzeptieren Sie die Person, die Sie jetzt sind, nicht die, die Sie sein werden oder sein sollten 71
Übungsbogen 74

VI **Das Unbewußte zu Bewußtsein bringen** 76

Sie sind weder verborgenen Trieben noch unergründlichen Denkmustern ausgeliefert 77
Wenn Sie sich auf die guten Seiten anderer Menschen konzentrieren, helfen Sie ihnen bei deren Verwirklichung 80
Achten Sie auf das Bild, das Sie anderen von sich vermitteln 80
Man tut nichts, was nicht auf irgendeine Weise den Versuch darstellt, mehr Licht ins Leben zu bringen 81
Betrachten Sie jeden Lebensbereich im Licht der Frage: «Was ist meine höchste Vision?» 83
Betrachten Sie jeden Menschen als ein Wesen, das Fortschritte macht und weiterwächst 84
Wenn Sie um innere Führung bitten, vertrauen Sie den erhaltenen Botschaften 85
Übungsbogen 88

VII Die Entwicklung der inneren Bilder – Die Entdeckung des wahren Selbst 90

Wie Sie sich als Mann oder Frau sehen, beeinflußt weitgehend Ihr Verhalten 91
Achten Sie auf die Bilder, die Sie anderen vermitteln 92
Bilder lassen sich leichter empfangen als Worte 94
Greifen Sie zu Ihrer Phantasie, um sich den höchsten Weg auszumalen, der Ihnen offensteht und eine Vision für den Grund Ihres Hierseins zu schaffen 94
Übungsbogen 99

VIII Das Erkennen der inneren Wahrheit 101

Mitgefühl ist die Fähigkeit, sich in die Haut des anderen zu versetzen 102
Sie müssen nicht unbedingt kämpfen und leiden, um wachsen zu können 103
Sie besitzen die Kraft, sich selbst zu heilen 105
Sie sind fähig, Ihre innere Wahrheit zu erkennen 107
Während Sie überlegen, was Sie jemandem mitteilen wollen, bewahren Sie das Bild Ihrer innersten Wahrheit 109
Die Achtung vor der eigenen inneren Wahrheit ist für Sie und Ihre Mitmenschen ein großes Geschenk 110
Übungsbogen 114

IX Höher zum Licht 116

Geben Sie sich lieber recht, statt sich die Schuld zu geben 118
Es gibt keinen «einzig richtigen» Weg zur Weiterentwicklung 119
Wenn einer Ihrer Lebensbereiche nicht wunschgemäß funktioniert, müssen Sie eine Ihrer Ansichten in diesem Bereich ändern 121

Durch die Höherentwicklung Ihrer Gedanken können Sie der Menschheit helfen, Frieden zu erlangen 122
Übungsbogen 124

X Wie man lernt, bedingungslos zu lieben 126

Bedingungslos zu lieben bedeutet, daß man selbst zur Quelle der Liebe wird 126
Bedingungslose Liebe transformiert Angst 128
Angst ist ein Bereich, der die Liebe noch nicht entdeckt hat 129
Lieben lernt man, indem man sich in eine Situation begibt, die eine liebevolle Haltung erfordert 132
Was immer Sie anderen geben – es ist auch ein Geschenk an Sie selbst 133
Wenn Sie nichts zu verteidigen haben, wird das Leben einfacher 134
Liebe verleiht allem und jedem Schönheit, aber vor allem Ihnen selbst 136
In dem Maße, wie man lichterfüllt wird, wächst die Kraft, auf seine Umwelt einzuwirken 136
Übungsbogen 140

XI Mit Schmerz umgehen lernen 142

Ein anderer kann nur dann Schmerz auslösen, wenn dieser Schmerz in Ihrem Inneren bereits vorhanden war 144
Je schneller Sie verstehen, was Sie aus einer bestimmten Situation zu lernen haben, um so schneller können Sie sie hinter sich lassen 146
Schmerz ist ein wichtiges Anzeichen für Wachstum; er kann durch Liebe umgewandelt werden 147
Wenn jemand seinen Ärger zum Ausdruck bringt, lassen Sie seine Negativität nicht zur Grundlage Ihrer Reaktion werden 149

Wenn es Ihnen schwerfällt, jemandem zu vergeben, handeln Sie bei Ihrer nächsten Begegnung so, als wäre es sein letzter Tag auf Erden 150
Übungsbogen 153

XII Die Erschließung der Intuition 155

Wenn Sie Ihrer Intuition folgen, werden sich Ihnen viele Tore öffnen 156
Intuitives Handeln bringt Sie viel schneller ans Ziel 158
Senden Sie liebevolle Energie in Ihre Vergangenheit 159
Die beste Methode zur Erschließung der Intuition ist – auf sie zu hören 161
Arbeiten Sie aus der Sicht Ihrer Intuition, und die Dinge geschehen mit Leichtigkeit 163
Übungsbogen 166

XIII Das Gemüt, der innere Dialog und Ihre persönliche Ausstrahlung 168

Das Wiederholen ausgesuchter, liebevoller Worte erhöht die Schwingung Ihrer Gedanken 169
Sprechen Sie von den Eigenschaften, die Sie anstreben so, als ob Sie sie bereits hätten 171
Durch Ihre eigene Entwicklung ebnen Sie jenen den Weg, die noch einen Schritt hinter Ihnen sind 173
Sie KÖNNEN Ihre Gedanken kontrollieren 176
Ein geschultes Gemüt bringt Ruhe der Gefühle und inneren Frieden 177
Sie können die Energie, die zwischen Ihnen und einem beliebigen Menschen besteht, durch positive Worte umwandeln 179
Übungsbogen 181

XIV Weisheit – Die Einstimmung auf das Höhere Selbst 183

Liebe transformiert negative Energie 184
Anstatt niedrigeren Gedanken Widerstand zu leisten, stellen Sie ihnen einfach höhere zur Seite 185
Weisheit bedeutet zu wissen, welchen Botschaften man Beachtung schenkt 187
Liebevoller Umgang mit sich selbst bedeutet auch immer liebevollen Umgang mit anderen 188
Weisheit bedeutet zu wissen, wann man handeln soll und wann nicht 190
Es ist wichtig, Mitgefühl anstelle von Mitleid zu entwickeln 192
Übungsbogen 195

XV Telepathie – Das Verstehen nonverbaler Kommunikation 197

Achten Sie auf die Gedankenmuster, die es in Ihrer Nachbarschaft gibt 198
Es ist unmöglich, telepathisch empfangene Botschaften zu erkennen, bevor man nicht mit seiner eigenen Energie vertraut ist 201
Sie können herausfinden, was andere denken 203
Man kann Kontrolle über die telepathischen Botschaften, die man sendet und empfängt, erlangen 204
Wenn Sie eine tiefe, innere Beziehung mit jemandem anstreben, machen Sie sich zuerst bewußt, wer Sie selbst sind 206
Telepathie ist ein Geschenk und eine Verantwortung 208
Wenn Sie an andere Menschen denken, empfangen diese Ihre Energie 210
Das Verändern der eigenen Denkgewohnheiten wirkt belebend 213
Es gibt immer eine Möglichkeit, die Gedanken an bestimmte Personen auszuschalten 215

Wenn Sie von jemandem etwas wollen, erinnern Sie sich an einen Zeitpunkt, wo Sie das Gewünschte jemandem gegeben haben 217
Sie können Ihre Emotionen beruhigen 219
Übungsbogen 221

XVI Wie man die Führung durch höhere Mächte erhält 223

Wirkliches Heilen erfordert Mitgefühl und Liebe 224
Wollen Sie geistige Führung erhalten, brauchen Sie nur darum zu bitten und dann aufmerksam hinzuhören 226
40 000 bis 50 000 Gedanken gehen Ihnen täglich durch den Kopf 229
Wenn Sie sich an die höheren Welten wenden, werden Sie immer die benötigte Hilfe erhalten 231
Wenn Sie Ihre Ziele schriftlich festhalten, erfolgt Ihre Verwirklichung noch schneller 233
Wollen Sie den Kontakt zu Ihrem persönlichen Führer herstellen, gehen Sie in die Stille 234
Es liegt an Ihnen, Ihrem Wirken eine bestimmte Form zu verleihen 237
Übungsbogen 238

Dankeswort

Ich danke Duane Packer, PhD, für seine Hilfe bei der Entstehung dieser Bücher und für seine begeisterte Mitarbeit bei unserer medialen Arbeit und unserer Lehrtätigkeit.

Besonders herzlich bedanke ich mich bei LaUna Huffines für die Unterstützung, die sie Orin und mir gewährt hat, und für ihr Buch *Connecting With All The People,* das es mir ermöglicht hat, meine Liebe besser zum Ausdruck zu bringen. Besonderer Dank gebührt Ed und Amerinda Alpern, die so hilfreich zu meinem Leben und zu Orins Werk beigetragen haben. Weiter danke ich Linda Johnston, Wendy Grace, Scotta Catamas, Cheryl Williams, Jeff Abbott, Nancy und Sara McJunkin, Sandy Hobson, Lisa Benson, Rob und Stacey Friedman, Evelyn Taylor, Debra Ross, Shirley Runco, Karen La Puma und Linda Lutzkendorf. Ich möchte Euch allen danken, die Ihr die Vision für Orins Bücher und unseren gemeinsamen Weg des Lernens aufrechterhalten habt:

Jan Shelley, Eva Roza, Mary Beth Braun, Leah Warren, Mari Ane Anderson, Mary Pat Mahan, Rosemary Crane, Sylvia Larson, Colleen Hicks, Trudie London, Carol Hawkinson, Roberta Heath, Jill O'Hara, Patrice Noli und Dona Crowder. Meine Anerkennung an all jene, die Orin durch ihre Gegenwart, Liebe und Hilfe unterstützt haben, sowie an die Mitglieder unserer Channeling-Gemeinschaft, die ihre Weisheit und Veränderungsbereitschaft eingebracht haben.

Ich danke meiner Lektorin Elaine Ratner für ihre hervorragende Arbeit, Abigail Johnston für ihre Mithilfe bei der Gestaltung des Buches und Lois Landau, die das Manuskript mit so viel Sorgfalt getippt hat. Ich möchte Hal Kramer, durch den dieses Buch Wirklichkeit werden konnte, für seine Hilfe danken. Meinen Dank auch an Rob für seinen Ansporn und seine Liebe; an meine Eltern Court und Shirley Smith für ihre weise Führung; an Otto und Ruth Brown und Dorothy Lundy für ihre beständige Liebe und an meine Geschwister David, Debra, Patricia und Robert.

Meine Anerkennung an Seth, Jane Roberts und Robert Butts, deren Bücher ein wertvoller Bestandteil meines Lebens geworden sind. Weiter danke ich Dick Sutphen für seine Bücher und Tonbandaufnahmen und all jenen, die anderen dabei helfen, ihr wirkliches Potential zu erkennen, wie Shirley McLaine, Carlos Castaneda, Richard Bach, Edgar Cayce und Betty Bethards.

Meine innige Liebe und Wertschätzung gilt den Meistern und Wesen des Lichts, deren Gegenwart es uns allen ermöglicht, mehr ins Licht zu gelangen.

I
Grüße von Orin

Ich lade Sie ein, mit mir dieses Universum zu erkunden, das Ihnen so wohl bekannt ist. Wir werden es aus einer etwas anderen Perspektive betrachten, auf eine Weise, die ihm noch eine weitere Dimension hinzufügt und die seinen unvermuteten Reichtum enthüllt. Es handelt sich um die Welt der Sie umgebenden Energien. Dieses Buch wird Ihnen helfen, die energetischen Zusammenhänge, in denen Sie leben, klarer zu sehen und die Weltanschauungen und Glaubenssätze, die kollektiven Gedankenmuster und telepathischen Kräfte, von denen Sie beeinflußt werden, besser zu verstehen. Mit Hilfe dieses Kurses können Sie in die Geheimnisse der unsichtbaren Energien eintauchen – innen wie außen – und bisher Unbewußtes zu Bewußtsein bringen. Es gibt vieles, was jenseits der Wahrnehmung durch die fünf Sinne liegt, und diese Dinge haben tatsächlich Einfluß auf Sie. Sobald Sie diese unsichtbaren Kräfte verstehen, können sie Ihnen als Hilfsmittel dienen, um Sie an jedes beliebige Ziel zu bringen.

Sieht man sich Energie von nahem an, ist es so, als würde man einen vertrauten Gegenstand durch ein Mikroskop betrachten. Obwohl es immer noch derselbe Gegenstand ist, wirkt er so nah und vergrößert gesehen anders. Dieser Kurs wird für Sie wie ein Mikroskop wirken, durch das Sie die unsichtbaren Energien Ihrer Umgebung in allen Einzelheiten und aus verschiedenen Blickwinkeln betrachten können, was Ihnen eine andere Sichtweise ermöglichen wird. Es ist dieselbe Welt, die Sie schon immer gekannt haben, doch in dem Maße, wie Sie sie auf neue Weise verstehen und wahrnehmen lernen, wird sie Ihnen ihre Geheimnisse enthüllen.

Man kann die Energien, die man unbewußt empfängt, unterscheiden lernen.

In diesem Fall ist Ihr Gewahrsein das Mikroskop. Es stellt die angeborene Fähigkeit dar, Ihre Aufmerksamkeit nach Belieben auf etwas zu richten. Sie nehmen die Welt nicht nur durch die physischen Sinne wahr, sondern empfangen auch auf nonverbaler, intuitiver Ebene ständig Informationen. Ihre Gedanken bilden die Eintrittspforte zum Erspüren der Energien, und das innere Auge dient Ihnen als Werkzeug, um sie zu verändern und einzusetzen. Sie können lernen, wie man negative Energien heilt, die Visualisierungskraft stärkt und mit anderen Menschen telepathisch kommuniziert, so daß Sie wissen, was andere über Sie denken und wie ihre nonverbalen Botschaften zu verarbeiten sind. Wir werden an Ihrer inneren Welt arbeiten. Energien kann man erspüren, indem man die Botschaften aus seiner Umgebung beachtet. Sie brauchen sich nicht von der schlechten Laune anderer beeinträchtigen zu lassen. Sie besitzen die Fähigkeit, jederzeit alles Negative zu heilen, Menschen in ihrer Weiterentwicklung zu unterstützen, die positiven Kräfte in Ihrer Umwelt zu steigern und das Wesen Ihrer persönlichen Beziehungen zu verändern.

Sie gleichen einem Radioapparat,
der viele Sender empfangen kann.
Was Sie empfangen, hängt jedoch davon ab,
worauf Sie Ihre Aufmerksamkeit richten.

Es gibt vielerlei Kräfte, denen Sie den ganzen Tag lang ausgesetzt sind. Außerdem sind Sie selbst eine Art «Sender», der über eine Sendestation, einen bestimmten Frequenzbereich und ein geistiges Rüstzeug verfügt. Die Beschaffenheit Ihrer Wahrnehmungen, Urteile und Reaktionen, welche von Ihren Gedanken bestimmt werden, verwurzelt Sie einerseits in Ihrer Realität und bildet andererseits auch die Grundlage für die Schaffung dieser Realität. Sobald Ihnen Ihre Realität gründlich vertraut ist, können Sie sie auch verlassen. Es gibt zahlreiche andere Wirklichkeiten, die Sie vielleicht erkunden möchten, nachdem Sie Ihren Heimathafen kennen. Ihre Identität ist wesentlich größer als Sie sich auch nur vorstellen können. Sie können sich diese Identität erschließen und den ihr innewohnenden Reichtum (der ja Ihr wahres Wesen ausmacht) erleben.

Da Sie nach einem ähnlichen Prinzip wie ein Radioapparat «funktionieren», können Sie lernen, bei sich selbst am richtigen Knopf zu drehen und dadurch jede beliebige Information zu empfangen. Sie besitzen telepathische Fähigkeiten – Sie senden und empfangen fortlaufend Botschaften. Durch dieses Buch erfahren Sie, wie man die empfangenen Botschaften kontrolliert, wie man auswählt, was man hören will, und unerwünschte Programme wieder losläßt. Es ermöglicht Ihnen auch die Einstimmung auf die Energien Ihrer Mitmenschen und lehrt, wie Sie helfen, heilen und mehr Verständnis für andere aufbringen können. Wenn Sie erfolgreich sein wollen, mehr Frieden und Liebe in Ihren Beziehungen anstreben und von den dichteren in die feinstofflichen Bereiche überwechseln wollen, können Sie all das hier lernen. Dann wird es Ihnen gelingen, unerwünschte Gedanken und Gefühle anderer zu identifizieren, diese Programme abzuschalten und sich statt dessen mit den höheren Kräften des Universums zu verbinden. Sie werden lernen, wie man sich der Intuition öffnet, d. h. Ereignisse in einer tieferen Schicht erfühlt und versteht, und wie man geistige Führung und Antworten auf seine Fragen erhält.

Die Informationen und Konzepte dieses Buches werden Ihnen auf eine Weise dargelegt, die in Ihnen einen tieferen Seinsbereich eröffnet, so daß die Erinnerung an dieses Wissen und an vieles mehr, das bereits in Ihnen angelegt ist, geweckt wird. Vielleicht spüren Sie meine Energie hinter diesen Worten, die Sie bei der Erschließung verschütteten Wissens unterstützt und jene Wesenszüge wachruft, die bisher in Ihnen geschlummert haben. Solchen Teilen von sich begegnen Sie häufig im Traumzustand. Sie können sie jedoch auch in den normalen, wachbewußten Zustand hinüberbringen.

Die Menschheit erwacht zur Zeit als gesamte Spezies zu neuen Fähigkeiten. Diese Gaben sind Teilstationen auf der evolutionären Reise des Menschen. Die menschliche Aura – das den Körper umgebende Energiefeld – entwickelt sich weiter. Damit geht die Fähigkeit einher, die verborgenen Kräfte, die bisher unsichtbar waren, wahrzunehmen. Energien können jetzt identifiziert, interpretiert und gelenkt werden. Was bisher unsichtbar und unbekannt gewesen ist, rückt nun in den Bereich des Sichtbaren und wird begreiflich.

Die Entwicklung schreitet rasch voran, und die Menschheit ist gerade im Begriff, einen weiteren Schritt in der Evolution vorwärtszugehen. Wenn Sie auf die Zeit des Neandertalers und des Cro-Magnon-Menschen zurückblicken, wird Ihnen bewußt, daß sich der menschliche Körper gewandelt hat. Ebenso hat sich die Fähigkeit der energetischen Wahrnehmung radikal geändert. Sogar die fünf Sinne haben sich weiterentwickelt. Die ersten Menschen konnten z. B. noch nicht alle Farben sehen, die Sie heute erkennen können.

Ihre Energiezentren öffnen sich allmählich, und die bewußte Wahrnehmung vormals verborgener, unsichtbarer Kräfte und deren Wirkung auf Ihr Wesen verstärkt sich ständig.

Sie können diese neu erwachten Sinne richtig gebrauchen lernen. Sie sind in Ihnen angelegt und aktivieren sich bereits, sonst wären Sie nicht auf diese Informationen hier gestoßen. Ich wirke als Führer, der die energetischen Welten, die Sie zu erforschen beginnen, schon bereist hat. Phänomene wie Telepathie, Präkognition, die rasche Erschließung wissenschaftlicher Erfindungen, die Entdeckung bisher unbekannter Informationen und eine stärkere Verbindung mit dem universellen Bewußtsein werden mit fortschreitender Entwicklung zur Norm für den Menschen. Das Erwachen der Menschheit ist eine Reise in das Wissen um höhere energetische Zustände. Was früher nur wenigen zugänglich war, steht heute vielen offen. Benötigte man früher zur Erlangung eines bestimmten Bewußtseinszustandes jahrelanges Training mit Hilfe spezieller Techniken und Meditationsformen, kann man heute bereits ohne langfristige Vorbereitung dorthin gelangen. Die Reise der Evolution ist eine Reise ins erwachende Bewußtsein. In diesem Kurs werde ich Ihnen helfen, diese Wachheit, die sich in Ihnen schon bemerkbar macht, zu entdecken, zu verstehen und zu fördern. Wenn Sie sich von dieser Information angezogen fühlen, sind Sie mit Sicherheit im Begriff, Ihre latenten Fähigkeiten zu entwickeln und zu erfahren. Durch ihren Einsatz können Sie den Alltag wirkungsvoller gestalten, aus Ihrem Höheren Selbst heraus handeln und sofortige Veränderungen im Leben herbeiführen.

Die meisten von Ihnen waren bereits als Kind äußerst wach und sensibel.

Viele sind in einer scheinbar unverständlichen Umgebung aufgewachsen, die sie mit Situationen konfrontierte, welche nicht zu ihrer Persönlichkeit zu passen schienen. Manche hatten das Gefühl, «anders» zu sein als die anderen, als besäßen sie eine zusätzliche Bewußtseinsdimension, die den übrigen Leuten fehlte. Einige waren besonders empfindsam und fühlten sich von Dingen sehr betroffen, die andere kaum zu berühren schienen. Oft wußten sie nicht: «Bin das noch ich, oder gehört das bereits zu jemand anderem?» Aufgrund ihrer telepathischen Begabung und emotionellen Sensibilität haben sie vielleicht die Gefühle anderer Leute aufgenommen und sie für ihre eigenen gehalten.

Viele von Ihnen haben ein sanftes, liebevolles und sensibles Wesen und möchten ihre persönliche Kraft auf eine Weise ausdrücken, die ihnen und anderen gerecht wird. Vielleicht hatten Sie eine unschöne Kindheit und wußten nicht, wie Sie mit der Härte und Negativität Ihrer Umgebung zurechtkommen sollten. In vielen Fällen erkannte niemand, wer Sie wirklich sind – ein Wesen des Lichts und der Liebe, das eine Gelegenheit sucht, den Geist der Freude und der Fülle zu verbreiten. Sie, der Sie diesen neuen «sechsten» Sinn entwickeln, werden in Ihrem Wachstum schnell voranschreiten. Es ist notwendig, daß Sie nun Ihre Einzigartigkeit und Begabtheit entdecken.

In dem Maße, wie Sie sich öffnen, heißt es, Weisheit zu entwickeln, Schmerz loszulassen und über alles Negative hinauszuwachsen.

Während Sie allmählich die feinstofflichen, unsichtbaren Energien des Universums fühlen und deuten lernen, werden Sie auch Ihr Unterscheidungsvermögen ausbilden und dadurch wissen, welche Kräfte Sie aufnehmen und welche Sie wieder loslassen sollen. Ich werde Ihnen zeigen, wie Sie dem Schmerz und der Negativität anderer unbeschadet begegnen können. Ich werde Sie auch lehren, sich selbst und anderen zu helfen, um über das Negative hinauszuwachsen und die Verbindung zum Höheren Selbst herzustellen. Sobald Ihnen all Ihre Wahrnehmungen bewußter werden, bietet sich Ihnen auch die Chance, das Höhere Selbst deutlicher zu spüren. Damit wird Ihnen Führung von seiten der Höheren Welten des Universums zugänglich.

Sie können sich einem erweiterten Bewußtsein öffnen, in bisher unerforschte Dimensionen und Bereiche vordringen und sich selbst von einer höheren Warte aus betrachten. Jetzt ist es möglich, zu sehen und zu verstehen, wer Sie wirklich sind und Antwort auf die Fragen: «Warum bin ich hier?» oder: «Was ist der Sinn des Lebens?» zu erhalten. Sobald Sie für die feinstofflichen Energien sensibel genug sind und sie erforscht haben, werden sich Ihnen die Tore zu zahlreichen Welten auftun, die nur ihrer Entdeckung harren.

Ich lade Sie zur Erkundung Ihres wahren Wesens ein, so daß Sie mit Hilfe Ihrer Sensibilität die tatsächliche Größe

Ihres Seins erfassen können. Kommen Sie mit und erforschen Sie Ihre innere Führung und das Höhere Selbst, während wir die höheren Welten des Universums gemeinsam bereisen.

In Licht und Liebe

Orin

II
Das Wahrnehmen von Energie

Setzen Sie sich beim Lesen dieses Kapitels möglichst bequem hin. Fühlen Sie Ihren Atem in der Brust, in Gesicht, Mund und Hals. Sie besitzen zahlreiche Möglichkeiten der Energiewahrnehmung. Man muß ihnen nur Beachtung schenken. Horchen Sie einen Augenblick lang auf jedes Geräusch innerhalb und außerhalb des Raumes, in dem Sie sich befinden. Machen Sie sich nun den Geruchs- und den Tastsinn bewußt. Achten Sie darauf, wie sich die Kleider am Körper anfühlen und worauf Sie sitzen. Welchen Geschmack haben Sie auf der Zunge? Schließen Sie die Augen und denken Sie an all die Dinge, die Sie heute gesehen haben, als würde alles Geschehene wie in einem Film an Ihnen vorüberziehen. Welche Bilder haben Sie heute auf Ihre Filmleinwand projiziert?

Abgesehen von den Ihnen vertrauten Sinnen besitzen Sie noch eine weitere Wahrnehmungsmöglichkeit, die Sie fortwährend verwenden – die Fähigkeit, Energien zu erspüren. Sie ist ständig im Einsatz, ob es Ihnen nun bewußt ist oder nicht. Sie treffen Ihre Entscheidungen aufgrund von Energien, die Sie fühlen. Als Sie beim Gedanken an den heutigen

Tag die Augen schlossen, haben Sie eine Methode verwendet, die man *Visualisierung* nennt. Vor Ihrem geistigen Auge ist ein Film abgelaufen, in dem Sie alle Ereignisse wiedererlebt und wiedergesehen haben. Auf dieselbe Weise können Sie die Augen schließen und an eine Rose denken. Sie stellen sich vor, wie Sie den zarten Duft einatmen und sehen dabei Farbe und Form. Vielleicht strecken Sie sogar die Zunge heraus, um ihren Geschmack wahrzunehmen. All das geschieht in Ihrem Geist. Die Fähigkeit der Energiewahrnehmung ist im selben Bereich angesiedelt.

Jedermann besitzt diese Vorstellungskraft, denn ich nehme an, daß jeder von Ihnen an eine Rose denken und sich ein Bild von ihr machen oder sie fühlen kann. Ebenso gehen Sie vor, wenn Sie sich die Energien Ihrer Umgebung bewußt machen wollen. Sie können die emotionellen Schwingungen in einem Raum spüren lernen und feststellen, von welcher Person die jeweilige Ausstrahlung herrührt – sei es nun Bedrücktheit, Ärger oder Freude. Darüber hinaus ist es möglich, die Wirkung dieser Energien zu verändern. Man schließt die Augen und konzentriert sich auf die unangenehme Schwingung, um ihre Auswirkung mit Hilfe geistiger Kraft umzuwandeln. Genauso wie Ihnen die Visualisierung einer Rose mit geschlossenen Augen gelingt, können Sie den gleichen Vorgang zur Heilung anderer verwenden und unerwünschte Kräfte oder Energien, die noch zu grob sind, umsetzen.

Durch Visualisierung läßt sich negative Energie in positive Kraft umwandeln.

Bei diesem Vorgang geht es um die Bewußtwerdung Ihres inneren Wesens. Sie verfügen über ein sogenanntes «inneres

Auge». Dieses innere Auge werden Sie beim Erfühlen von Energien verwenden. Die innere Schau kann auf verschiedene Weise erfolgen. Manche von Ihnen können sich die Rose bildhaft vorstellen, andere haben einfach ein Gefühl der Rose. Jeder hat seine spezifische Methode. Es gibt nicht nur *einen* richtigen Weg, Energie wahrzunehmen.

Soll die Energiewahrnehmung gelingen, müssen Sie sich Ihres eigenen Wesens bewußt sein und imstande sein, Ihren emotionellen und geistigen Zustand zu klären. Wird ein Film auf eine mit Farbklecksen übersäte Leinwand projiziert, gibt es sicherlich kein klares Bild, sondern ein unscharfes, verschwommenes. Zum Entschlüsseln der Energien muß man also zuerst die eigene innere «Leinwand» reinigen. Schließen Sie einen Moment lang die Augen und stellen Sie sich eine saubere, weiße Leinwand in Ihrem Inneren vor. Eine einfache Vorbereitungsübung zum Spüren von Energien besteht darin, einmal tief Atem zu holen und sich vorzustellen, wie die Kraft von den Fußsohlen bis zur Schädeldecke strömt und dann ins Universum hinausfließt. Anschließend sehen Sie ein klares Licht aus dem Universum auf sich zukommen, das Sie vom Scheitel bis zu den Fußsohlen durchdringt und unten wieder austritt. Stellen Sie sich vor, wie der ganze Körper von Wärme erfüllt wird. Lassen Sie ein Gefühl von Leichtigkeit und Freiheit in sich aufsteigen. Das dient als Entspannungsübung, denn nur in entspanntem Zustand können Sie Energien deutlich wahrnehmen. Jegliche Art von Anspannung trübt die Klarheit und blockiert den telepathischen Empfang. Negative Emotionen verzerren das genaue Bild. Tatsache ist, daß Sie negative Kräfte anderer anziehen, wenn Sie sich beim Erfühlen der Energie selbst in einem negativen Gefühlsbereich befinden. Reinigen Sie sich, indem Sie sich in einen Zustand des Friedens und der Entspannung versetzen. Das Bild der weißen Leinwand verhilft Ihnen zur entsprechenden Geisteshaltung, und tiefes Atmen fördert die Klärung der Emotionen. Üben Sie öfter, um festzustellen, wie Sie den Entspannungszustand am besten herbeiführen können. Das läßt sich in einer Sekunde bewerkstelligen. Gleichgültig, wo Sie sich aufhalten – im Bus, in einem Restaurant, in einem Laden –, wenn Sie spüren, daß Ihnen die Atmosphäre nicht behagt, lassen Sie nicht zu, daß sich der Teil in Ihnen aktiviert, der diese Energie nicht mag. Das würde die Auswirkung dieser Kräfte noch verstärken.

Meist reagiert man mit Anspannung, wenn man mit negativen Energien konfrontiert ist. Das zieht jedoch noch mehr Negativität an. Wollen Sie den Auswirkungen solcher Kräfte entgehen, entspannen Sie sich einfach. Jede Art von Entspannung ist dabei wirksam. Dann visualisieren und vergegenwärtigen Sie sich ein Gefühl des Friedens. Indem Sie die gewünschten Empfindungen visualisieren, verhindern Sie die Aufnahme negativer Strömungen.

Angenommen, Sie betreten einen Raum und denken gerade an eine Person, auf die Sie wütend sind, oder Sie sind mit Ihren Gedanken einfach woanders. Sie sind sich des Hier-und-Jetzt Ihrer Umgebung nicht bewußt. Die Gefühle, die mit Ihren Gedanken einhergehen, werden magnetisch gleichartige Emotionen von den Menschen im Raum anziehen. Wenn Sie sich schlecht fühlen und in diesem Zustand ein Restaurant betreten, werden sie sich kurz darauf noch unwohler fühlen. Denn genau wie eine Empfangsstation verbinden Sie sich mit allen Anwesenden, die sich im gleichen Gefühlszustand befinden. Dadurch ziehen Sie diese Energie mit Sicherheit auf sich.

Andererseits können Sie aber (sofern Sie wollen) die Gruppenenergie in einem Bus, einem Restaurant oder anderswo verwenden, um in einen höheren Gefühls- oder Gedankenbereich zu gelangen. Versuchen Sie einmal, an schöne Dinge zu denken, wenn Sie den Raum betreten. Dadurch entsteht nach einiger Zeit die Verbindung mit den wohltuenden Energien der anwesenden Menschen, was Ihren eigenen Gefühlszustand verbessern kann. Gleichzeitig stärken Sie dadurch die positiven Kräfte der anderen.

Jedes Heim beherbergt die Energien und Gedanken seiner Bewohner.

Welche Wirkung stellen Sie fest, wenn jemand Ihr Zuhause betritt? Die meisten Besucher vermehren die positive Energie in Ihrer Wohnung, weil sie sich auf die Dinge konzentrieren, die sie bewundern oder angenehm finden. Kommt aber jemand mit kritischen Gedanken zu Ihnen, z. B. «Wie geschmacklos, nein, wie ungemütlich es hier ist!», trägt er zur negativen Energie bei. Achten Sie darauf, wen Sie zu sich nach Hause einladen.

Jeder Gegenstand in Ihrer Umgebung wird von Ihren Gedanken und Energien aufgeladen. Jedesmal, wenn Sie sich in Ihrem Zuhause umsehen und dabei denken: «Es ist zu klein, es gefällt mir nicht», laden Sie es entsprechend auf. Das trägt dann dazu bei, sich dort nicht wohl zu fühlen. Sagen Sie sich aber: «Ich habe wirklich Glück, eine so hübsche Wohnung zu haben», machen Sie sich Ihr Zuhause zum Freund und Verbündeten. Dann werden Sie in schwierigen Zeiten Erleichterung und Trost in Ihrem Heim finden. Durch Haß bindet man sich an die Dinge; wenn Sie in eine schönere Wohnung ziehen wollen, beginnen Sie damit, einmal das zu lieben, was Sie schon besitzen.

Achten Sie auf Ihre Reaktionen im Umgang mit anderen Dingen des täglichen Lebens. Jedesmal, wenn eine kaputte Glühbirne oder ein seltsames Geräusch im Auto zum Anlaß für Streß oder Ärger wird, schaffen Sie ein Spannungsfeld, das auf geradezu magnetische Weise das nächste Mißgeschick anzieht. Spannungen oder Ärger, die auf den Körper übertragen werden, führen noch mehr Probleme herbei. Wenn Sie das seltsame Geräusch im Auto zum ersten Mal hören, dabei entspannt bleiben und innerlich (und äußerlich) lächeln können, verhindern Sie damit, daß in Zukunft noch mehr negative Energie entsteht. Ich behaupte nicht, daß Sie das vorhandene Problem deshalb nicht lösen müssen, aber Sie haben immerhin vermieden, ein weiteres zu schaffen. Lernen Sie, sich auf das Hier-und-Jetzt zu konzentrieren, und schenken Sie Ihrer Umgebung Beachtung.

Das Universum gibt Ihnen ständig Hinweise auf den Weg, den Sie beschreiten sollen.

Sie sind nicht nur ständig von Energien umgeben, die Sie positiv oder negativ beeinflussen können, Sie erhalten auch fortwährend geistige Führung. Sie können lernen, wie man diese Botschaften liest und interpretiert, wodurch es Ihnen leichterfallen wird, die notwendigen Entscheidungen zu treffen. Das Erfühlen von Energien besteht auch darin, die Signale aus Ihrer Umwelt wahrzunehmen. In allen Beziehungen – ob mit lieben Freunden, dem Ehepartner, den Mitarbeitern, Angestellten oder dem Chef – sind telepathische Botschaften im Spiel. Es gibt viele Methoden, sich ihrer Energien bewußt zu werden.

Ihre Gedanken bilden den Eingang in die Welt der Energien, und Ihr inneres Auge ist das Instrument, mit dem Sie diese Kräfte verändern oder bewußt einsetzen können. Ich werde Sie lehren, wie man negative Energien heilt, die Visualisierungskraft stärkt und wie man mit anderen telepathisch kommuniziert, damit Sie deren Mitteilungen verstehen und verarbeiten können. Wir werden uns in der Welt der inneren Bilder bewegen.

Jeder hat seine spezifische Methode, um Energien zu spüren. Manche Menschen sehen die Aura als farbiges Feld; andere nehmen sie in Form von Gefühlen oder Gedanken in Zusammenhang mit einer bestimmten Person wahr. Und wieder andere sind sich ihrer energetischen Wahrnehmung gar nicht bewußt und erkennen erst später, was sie eigentlich empfunden haben. Wenn Sie solche Energien deutlich fühlen wollen, gilt es, ruhig zu werden, aus den eigenen Gedanken, Gefühlen und Empfindungen herauszutreten und zur «weißen Leinwand» zu werden, damit man die Eindrücke entschlüsseln kann. Finden Sie zuerst heraus, wer Sie selbst sind. Genauso, wie Sie ausschließlich auf die Geräusche in einem Raum horchen können, ist es auch möglich, sich nur auf die telepathische, unsichtbare Energie zu konzentrieren, die ebenfalls vorhanden ist.

Zuerst sollten Sie feststellen, auf welche Weise Ihr inneres Auge funktioniert. Was fühlen Sie, wenn Sie einen Gegenstand in der Hand halten? Eine Farbe, eine bestimmte Empfindung, ein Wort, ein Bild? Jeder von Ihnen verwendet eine andere Methode. Lernen Sie Ihre persönliche Vorgehensweise kennen. Manche Menschen fühlen Energien mit Hilfe ausgeprägter Emotionen, andere, indem sie geistig Bilder entstehen lassen. Entdecken Sie in dieser Woche Ihre persönliche Art der energetischen Wahrnehmung, und lernen Sie, diese kreativ umzusetzen. Vielleicht reagieren Sie auf die wahrgenommene Energie, ohne sich dessen bewußt zu sein. Ich hoffe, ich kann Ihnen dann bei diesem Bewußtwerdungsvorgang hilfreich zur Seite stehen.

Sie alle sind befähigt zu heilen, wo immer negative Energien spürbar sind, andere in deren Entwicklung zu unterstützen, die positiven Kräfte in Ihrem Zuhause zu mehren und das Wesen Ihrer persönlichen Beziehungen zu verändern. Sie brauchen sich nicht von den Stimmungen anderer beeinträchtigen zu lassen, sei das nun der Automechaniker, der Bankangestellte, ein Kollege oder ein Vorgesetzter, eine Kellnerin oder der Steuerberater. Wenn Sie selbst eine dieser Funktionen ausüben, können Sie lernen, sich nicht von den Launen oder Verhaltensmustern der Menschen beeinflussen zu lassen, mit denen Sie den ganzen Tag lang zu tun haben. Andere können deprimierend auf Sie wirken und Ihnen das Leben schwermachen – oder Ihnen eine Gelegenheit bieten, sie zu heilen. Wenn Sie in der folgenden Woche an einen Ort kommen und Unbehagen verspüren, halten Sie kurz inne, klären Sie Ihre «Leinwand» und entspannen Sie sich. Überlegen Sie, wie Sie sich gerne fühlen würden, und versetzen Sie sich in Ihrer Vorstellung in diesen Gefühlszustand.

Das Wahrnehmen von Energien

Übungsbogen

1) Setzen Sie sich ruhig hin, klären Sie Ihr Gemüt, und stellen Sie sich eine leere Leinwand vor. Denken Sie an eine Rose. Wie schaffen Sie sich ein Bild von ihr? Können Sie sich vorstellen, sie zu berühren, zu riechen oder gar zu schmecken?

2) Denken Sie an Ihr Zuhause. Welche Gedanken tauchen dabei in Ihnen auf? Senden Sie Ihrem Heim liebevolle Gedanken.

3) Machen Sie eine Entspannungsübung. Holen Sie einmal tief Atem, und stellen Sie sich vor, wie sich Licht und Wärme über Ihren gesamten Körper ausbreiten. Durchwandern Sie geistig Ihren Körper, und achten Sie darauf, wo Spannungen gespeichert sind. Entspannen Sie diese Bereiche. Machen Sie diese Übung mindestens dreimal täglich. Versuchen Sie herauszufinden, wann sich der Körper anspannt, und führen Sie dann bewußt Entspannung herbei.

III
Wie man die unsichtbaren Energien seiner Umgebung verstehen und lenken lernt

Überall um Sie herum gibt es Energie. Sie tritt in Form von Gedanken und Gefühlen auf, die die Menschen in Ihrer Umgebung projizieren. Die Energie kommt auch aus der Erde selbst – das Land, die Bäume und Tiere senden Energie aus. Jeder Ort auf dieser Erde, jedes Wohnviertel, jede Gemeinschaft verfügt über eine eigene Energie. Die Kraft eines Berges unterscheidet sich von der einer Ebene, riesige Ballungszentren fühlen sich anders an als Kleinstädte. Alles in Ihrem Universum ist lebendig und sendet Energie aus, die Sie fühlen können.

Der Mensch ist ein hervorragend ausgestattetes Energiewahrnehmungsgerät. Sie können auf unzählige Arten die verschiedensten Kräfte spüren – durch Berühren, Sehen, Hören, Riechen, Schmecken, mit Hilfe von Gedanken, Gefühlen und körperlichen Empfindungen. Sie sind imstande, das Universum auf eine Weise zu erfahren, die Ihnen wertvolle Informationen vermittelt. Allein durch Übung können Sie sich auf die körperliche, emotionale und geistige Ebene anderer Menschen einstellen. Man kann sich auf jede Person einstimmen, ob sie nun physisch zugegen ist oder nicht. Es ist sogar möglich, die gedanklichen Bilder anderer, ihre Ansichten und Hilferufe zu empfangen. Machen Sie sich aber bewußt, daß Sie die Privatsphäre eines anderen nicht verletzen können, wenn seine Seele gewisse Dinge nicht preisgeben will. Die Seele vermag alles zu verhüllen, was nicht für fremde Augen bestimmt ist.

Wenn Sie wollen, ist es sogar möglich, sich die Gedanken und Gefühle anderer, ja sogar zukünftige Ereignisse, in einem Ausmaß bewußt zu machen, von dem Sie nie zu träumen wagten. Möchten Sie die Vorgänge in Ihrer Umgebung klar sehen, richtig interpretieren und diese Informationen dann verwenden, benötigen Sie ein gewisses Können und eine bestimmte Geisteshaltung. Diese können Sie sich leicht aneignen, wenn Sie bereit sind, wachsam zu sein und diese Fertigkeiten zu üben.

Je mehr Sie sich die Energien anderer Menschen bewußt machen, desto deutlicher spüren Sie auch Ihre eigene innere Führung.

Sobald Ihre Energiewahrnehmung klar genug ist, wird auch die Stimme Ihrer inneren Führung und Weisheit für Sie hörbar. Der nächste Schritt besteht im Erkennen dessen, was Ihnen von anderen zugesandt wird, welche Zukunft Sie für sich selbst planen und wie sehr Sie andere durch Ihre geistigen Kräfte beeinflussen.

Sie senden fortlaufend Gedanken und Bilder an andere Menschen aus. Es ist wichtig, sich über derartige Bilder im klaren zu sein, wenn man seine Realität bewußt gestalten will. Sie können sich selber über Ihre Vorstellungskraft Heilbilder senden, ebenso können Sie andere auf diesem Weg heilen.

Für eine genaue energetische Wahrnehmung muß als erstes die Aufmerksamkeit geschult werden. Lernen Sie, andere zu beobachten, indem Sie selbst schweigen. Sie wissen wie es ist, wenn man sich einfach zurücklehnt und still zusieht. Beginnen Sie mit der Beobachtung eines beliebigen Bereiches, über den Sie mehr erfahren wollen. Wenn man aufgrund einer festen Absicht über etwas nachdenkt, wird man in dieser Sache auch neue Ideen, Gedanken und innere Führung erhalten.

Sobald dieser Moment der Stille und Konzentration vorüber ist, folgt der nächste Schritt. Sie nehmen eine zuversichtliche Geisteshaltung ein und vertrauen der empfangenen Information. Anfangs, wenn Sie sich auf Ihre eigene Zukunft oder auf andere Menschen einstimmen, werden Sie die erhaltenen Impulse anzweifeln und sich fragen, ob das nicht nur Ihre Einbildung sei. Der Zweifel kann auch zum Freund werden, weil er Sie veranlaßt, in Ihren Wahrnehmungen genau zu sein, solange er Sie nicht davon abhält, weiter zu üben. Beginnen Sie auf das, was Sie fühlen, einfach zu vertrauen.

Wenn Sie sich ruhig hinsetzen und darum bitten, einen Blick in Ihre Zukunft werfen zu dürfen – einen bestimmten Lebensbereich, eine zu treffende Entscheidung oder einen Weg, über den Sie mehr erfahren wollen – wird Ihnen die gewünschte Information stückweise zukommen. Die Absicht, etwas über die Zukunft herauszufinden, sendet Ihren Geist an diesen zukünftigen Zeitpunkt voraus. Anschließend kehrt er mit den nötigen Daten zurück. Manchmal tritt die Information als vages Gefühl zutage, vielleicht als ein Gefühl der Freude oder des Unbehagens. Stellen Sie keine Erwartungen an das, was Sie erleben werden. Abgesehen davon ist es wichtig, über die anfänglichen Versuche nicht zu urteilen, sondern lediglich die Eindrücke hereinfließen zu lassen.

Ein Schriftsteller, der sich dem Fluß der Kreativität öffnet, muß vorübergehend sein Urteilsvermögen außer Kraft setzen. Jeder kreative Mensch muß den Teil in sich, der kritisch vorgeht und urteilt, zeitweise ruhen lassen, wenn etwas Neues durchkommen soll. Beim späteren Verarbeiten der Information ist dieser Wesenszug wertvoll, aber anfangs ist es besser, einfach offen zu bleiben. Wenn Sie also zum ersten Mal Eindrücke empfangen, lassen Sie das Urteilen beiseite. Gehen Sie nicht mit kritischen Fragen vor wie: «Ist das richtig oder falsch? Ist das alles nur Einbildung?», denn das behindert den Informationsfluß. Lassen Sie die Eindrücke weiter hereinströmen. Vielleicht machen Sie sich sogar Notizen, denn Sie werden feststellen, daß einiges, das anfangs als sehr offenkundig und einfach erscheint, sich später oft als tiefgründig erweist. Wenn Sie Ihre Eindrücke nicht aufschreiben, vergessen Sie sie wieder. Zeichnen Sie diese Dinge jedoch auf, erhalten Sie später auch Aufschluß über die Verläßlichkeit einer Information.

Dieses Feedback stellt einen wichtigen Faktor in Ihrer Realität dar. Sie leben in einer Welt, in der das Prinzip von Aktion und Reaktion gilt. Daher ist es wichtig festzustellen, welche Konsequenzen bestimmte Handlungen nach sich ziehen. Wenn Sie sich auf eine Energie einstimmen und die ersten Daten, Gefühle und Gedanken zu diesem Thema auftauchen, schreiben Sie sie auf. Nach wenigen Monaten werden Sie mit Erstaunen feststellen, wie diese Eindrücke mit Ihren Entscheidungen und den tatsächlichen Ereignissen in Zusammenhang stehen. Es ist eine gute Methode, sein Gewahrsein weiter zu öffnen.

In dem Maße, wie Sie Ihr Herz öffnen und die Welt auf liebevolle Weise betrachten, können Sie Energien wahrnehmen.

Wenn Sie sich auf andere einstimmen, öffnen Sie Ihr Herz und umarmen Sie sie mit einem Gedanken der Liebe, nicht mit Kritik. Stellen Sie sich einmal einen lieblosen, kritischen Menschen vor, der sich auf jemand anderen einzustimmen versucht. Der Betreffende würde sich in diesem Fall nicht öffnen (nicht einmal auf unbewußter energetischer Ebene) und keinerlei Information freigeben, denn diese Kritik würde sich wie ein gewaltsames Eindringen anfühlen. Nun stellen Sie sich ein sanftes, liebevolles Wesen vor, das nach Informationen sucht. Der andere würde sich für diese Wärme auftun und sich in dieser Liebe sonnen. Sobald Sie Energien wahrzunehmen gelernt haben, werden Sie nicht nur den Schmerz und die Verwirrung im anderen entdecken, sondern auch anders geartete Realitätssysteme, die vielleicht nicht den Ihren entsprechen. Begegnen Sie Ihren Mitmenschen mit Toleranz und Mitgefühl, werden Sie viel mehr nützliche Daten sammeln können. Viele Leute können Energien sehr deutlich wahrnehmen, aber wenn sie einer Sache begegnen, die nicht ihrer vertrauten Realität entspricht, die sich nicht in das Bild einfügt, das sie vom Leben haben, filtern sie diese Dinge sofort aus. Wenn Sie klare Botschaften aus Ihrer Umgebung empfangen wollen, sollten Sie bereitwillig einsehen, daß andere anders denken und an andere Dinge glauben, ohne sie deshalb ins Unrecht zu setzen. Toleranz bedeutet, daß Sie viele verschiedene Standpunkte akzeptieren und Menschen um ihrer selbst willen lieben können. Wenn Sie bereit sind, tolerant zu sein, können Sie an einem großen Abenteuer teilhaben. Jeder Mensch betrachtet die Welt auf eine für ihn einzigartige Weise. Sobald Sie entdecken, was an jedem, der Ihnen begegnet, einzigartig, frei, offen und liebenswert ist, werden Sie neue Möglichkeiten finden, selbst freier, offener und liebenswerter zu werden. Es ist faszinierend, die Art und Weise, auf die andere Menschen die Welt erleben, zu erforschen. Indem Sie sich vielen verschiedenen Weltanschauungen öffnen, werden Sie beweglicher und bleiben weniger starr. Wollen Sie fließender und leichter werden, dann entwickeln Sie Flexibilität und nehmen Sie den Standpunkt ein, der das gewünschte Ergebnis herbeiführt. Die meisten Leute sind auf sich selbst fixiert. Man hat sie gelehrt, daß die Welt auf eine bestimmte Weise funktioniert, und so betrachten sie die Welt auch. Diese Unbeweglichkeit läßt ihnen immer weniger Freiheiten und Wahlmöglichkeiten. Sie alle kennen Leute, die in bestimmten Geleisen festgefahren sind. Sie sind zu keiner Veränderung bereit, auch wenn sie dadurch unglücklich sind.

Diese Menschen sind sich vielleicht der Energien anderer überhaupt nicht bewußt. Sie betrachten die ganze Welt vom Standpunkt des Opfers und nicht aus der Sicht des Verursachers. Sie sehen sich als die Achse, um die sich die Welt zu drehen scheint. Aufgrund dieser Sichtweise haben sie oft das Gefühl, machtlos zu sein, nichts verändern zu können und nicht die gewünschten Ergebnisse zu erreichen. Da sie sich für den Nabel der Welt halten, übersehen sie meist völlig die Gefühle anderer und begreifen nicht, welche Reaktionen sie durch ihre Handlungen und Taten auslösen. Möchten Sie die Energien in Ihrem Leben lenken und die Welt, in der Sie leben, klar erkennen, gilt es, das Leben durch die Augen seiner Mitmenschen zu betrachten – selbst wenn sich deren Sicht oft sehr von der eigenen unterscheidet. Bleiben Sie dabei offen, urteilen Sie nicht, und bewahren Sie sich den liebevollen Entdecker- und Abenteurergeist.

Ihr Vorstellungsvermögen ist ein hervorragendes Instrument zur energetischen Wahrnehmung.

Eine weitere Fähigkeit, die Sie zum Wahrnehmen von Energien einsetzen können, ist das Vorstellungsvermögen. Diese Gabe wurde Ihnen verliehen, um schöpferisch zu wirken. Sofern sie nicht durch irgendwelche Glaubenssätze eingeschränkt wird, ist sie eines Ihrer besten Hilfsmittel. Verwenden Sie sie, und schon entsteht die Verbindung zu höheren, feinstofflichen Kräften. Das Vorstellungsvermögen ist nicht durch Raum und Zeit begrenzt. Es ist auch nicht an den physischen Körper gebunden. Wenn Sie sich Ihren Phantasien hingeben, dann doch meist auf eine spielerische Weise, in einem angenehmen, entspannten Zustand. Und das ist die Phase erhöhter Intuition.

Natürlich kann man mit Hilfe dieser Kraft auch Angst erzeugen, z. B. wenn Sie sich vorstellen, daß Ihr(e) Partner(in) eine(n) andere(n) Geliebte(n) hat, wenn Sie sich um Ihren Arbeitsplatz sorgen oder die Ansteckung durch eine Krankheit fürchten. Aber es ist besser, die Phantasie auf andere Weise einzusetzen – Sie geben einfach vor zu *wissen*, wie Sie handeln sollen, machen sich ein Bild davon, wie Sie von anderen geliebt werden, oder stellen sich vor, daß Sie gesund und wohlauf sind. Wenn Sie von der leichteren Energie der Verspieltheit ausgehen und das Ergebnis nicht durch schwerwiegende Ernsthaftigkeit belasten, sind Ihre Wahrnehmungen meist viel genauer. Wollen Sie eine bestimmte Energie spüren, setzen Sie sich ruhig hin und geben Sie einfach vor, es bereits zu können. Wenn Sie etwas noch nicht so gut beherrschen, dann tun Sie so «als ob», denn das Unterbewußtsein kennt keinen Unterschied zwischen einer «Täuschung» und einem «realen» Ereignis. Das Unterbewußtsein akzeptiert, was immer Sie ihm als «echt» vermitteln und verwendet es, um Ihre äußere Realität zu gestalten. Ich erkläre den Leuten, daß Sie ihr Ziel «magnetisch» anziehen sollen, woraufhin sie mir antworten, sie wüßten nicht wie. Dann sage ich ihnen: «Tu einfach so, als ob du es wüßtest», – und es funktioniert!

Tun Sie also so, als ob Sie wüßten, was jemand denkt. Stellen Sie sich vor zu wissen, welche Entscheidung Sie treffen sollen. Setzen Sie Ihre Vorstellungskraft ein, um kreative Ideen anzuziehen. Benutzen Sie Ihre Fähigkeiten als Instrumente zur energetischen Wahrnehmung und für Reisen in die Zukunft.

Konzentration beschleunigt die Zeit und lenkt Energie.

Konzentration ist wie ein Laserstrahl im Vergleich zu einer gewöhnlichen Deckenleuchte. Ihre Fähigkeit der Konzentration und Fokussierung hilft Ihnen, Energie wahrzunehmen. Fokussieren bedeutet, sich auf eine einzige Idee zu konzentrieren und alles andere beiseite zu lassen. Suchen Sie nach bestimmten Informationen, ist es wichtig, sich auch auf diese einzustellen. Das Ausmaß Ihrer Konzentration bestimmt, wie schnell Sie das gewünschte Wissen erhalten. Ihre Ausrichtung führt Sie geradewegs ans Ziel. Wenn Sie sich auf etwas konzentrieren und jeglichen anderen Gedanken beiseite lassen, lenken Sie Ihr Gemüt wie einen Laserstrahl. Ist die Ausrichtung einmal so stark, kann Sie keine der anderen Energien im Universum mehr beeinträchtigen. Sie sind in gewissem Sinne geschützt. Das, worauf Sie sich konzentrieren, wird klar erkennbar. Stellen Sie sich vor, daß Konzentration einem Energiestrahl gleicht, der auf die Zukunft, einen anderen Menschen oder einen beliebigen Bereich, über den Sie mehr wissen wollen, gerichtet ist und ihn ausleuchtet. Dieser

Energiestrahl geht von Ihnen aus, und wie durch eine Telegraphenleitung können Wissen und Energie auf diesem Wege auch zu Ihnen zurückströmen. Wenn Sie über irgend etwas Bescheid wissen wollen, konzentrieren Sie sich einfach darauf, denn Sie ziehen genau das an, worauf Sie Ihre Aufmerksamkeit lenken.

Sobald Energien für Sie wahrnehmbar geworden sind, sollten Sie feststellen, ob Sie stärkend oder eher schwächend auf Sie wirken. Das läßt sich überprüfen, indem Sie Ihre eigene Energie beobachten. Wenn Sie sich auf eine bestimmte Situation konzentriert haben und sich ausgelaugt fühlen, sollten Sie sich zugestehen, daß Sie die Wahrheit erkannt haben. Gleichgültig, in welcher Situation Sie sich befinden, Sie wissen, ob Sie etwas erschöpft oder stärkt. Achten Sie vermehrt auf die positiven, stärkenden Dinge, denn durch Ihre Aufmerksamkeit ziehen Sie mehr Gleichartiges an.

Wenn Sie sich in einer schwierigen Situation befinden, senden Sie Liebe aus. Liebe heilt und beschützt Sie.

Machen Sie sich bewußt, daß Sie von Situationen, Menschen oder Gedanken, die in einem positiven Bezugsrahmen operieren, «aufgeladen» werden; d. h. sie fördern Ihren Fortschritt und öffnen Ihnen das Herz. Alles Leben strebt nach Bewußtsein, Energie und Liebe. Jede Erfahrung lehrt Sie mehr über die Art Ihres eigenen Wesens. Wenn Sie sich in einer schwierigen Situation befinden, die Ihnen Probleme in den Weg stellt oder kraftraubend ist, senden Sie einfach Liebe aus. Das hilft Ihnen, sich nicht erschöpfen zu lassen. Die ausströmende Liebe schützt denjenigen, der sie aussendet, und verhindert Energieverlust.

Bevor Sie sich auf das Erspüren von Energie konzentrieren, sollten Sie Ihr Gleichgewicht und Ihre Mitte finden. Das bedeutet, den Körper richtig zu entspannen und die Gefühle zur Ruhe zu bringen. Sie werden Techniken zur Selbstbeobachtung lernen müssen. Wenn Sie Ihren Geist zu anderen Menschen aussenden, sollten Sie feststellen, ob Ihr Puls schneller wird, ob Sie sich anspannen oder eine andere körperliche Veränderung bemerken. All das sind Möglichkeiten zur energetischen Wahrnehmung. Sobald Sie sich auf jemand anderen eingestimmt haben, prüfen Sie, welche Gedanken in Ihnen aufsteigen. Je genauer Sie sich selbst beobachten, um so mehr Daten und Informationen können Sie sammeln. Wenn Sie im Gedanken an eine bestimmte Person plötzlich feststellen, daß Sie sich um Ihre Finanzen sorgen, haben Sie gerade die Besorgtheit des anderen aufgenommen, sofern Sie sich vorher nicht selbst mit derlei befaßt haben.

Bei dem Versuch, in die Zukunft zu blicken, um den Ausgang einer Sache vorherzusehen, wird Ihnen die Information oft nicht über den Geist, sondern über den Körper zukommen. Vielleicht wollen Sie einen bestimmten Weg einschlagen, und während Sie eine Wahlmöglichkeit überdenken, bemerken Sie, daß sich der Körper dieser Möglichkeit auf irgendeine Weise verschließt, die Atmung flacher wird oder ein «flaues Gefühl» im Magen spürbar wird. Das sind Signale aus der Zukunft, die Ihnen über diese Variante Auskunft geben.

Überkommt Sie beim Gedanken an eine bestimmte Entscheidung eine körperliche Schwere, weist das darauf hin, daß es eine noch bessere Methode gibt. Schaffen Sie sich mehrere Bilder von Ihrer Zukunft, die Sie dann jeweils ein wenig abändern, bis Sie ein Gefühl der Leichtigkeit und Freude empfinden. Falls keines der Bilder diese Unbeschwertheit in Ihnen auslöst, versuchen Sie es mit einer Alternative. Lernen Sie sich zu überprüfen, als seien Sie ein «Gerät für energetische Wahrnehmung». Sobald Sie diese Art der Selbstbeobachtung beherrschen, finden Sie auch den jeweils passenden Schlüssel und die gewünschten Antworten.

Der nächste Schritt besteht in der Interpretation der empfangenen Botschaft. Nachdem Sie die gesamte Information erhalten oder sogar aufgeschrieben haben, lesen oder gehen Sie sie nochmals durch. Möglicherweise steigen starke Zweifel in Ihnen auf. In dieser Phase ist es besonders wichtig, sich nicht von ihnen abhalten zu lassen. Sagen Sie «danke», und lassen Sie dann los. Wenn Sie sich der Fähigkeit öffnen, die Energien Ihrer Umgebung zu entschlüsseln, entdecken Sie wahrscheinlich auch eine innere Stimme, die nicht an das Wahrgenommene glaubt. Das tritt beinahe bei allen Menschen auf, also machen Sie sich deshalb keine Vorwürfe. Solange Sie sich ein offenes Herz bewahren und nicht aus dem Ego, aus persönlicher Gewinnsucht oder dem Wunsch nach Manipulation oder anderen niedrigen Motiven handeln, können Sie dem vertrauen, was Sie fühlen. Manchmal scheint die gesammelte Information nur dem Ego zu dienen. Dann müssen Sie die Sache genau untersuchen und Ihren ganzen Scharfsinn und alle Ihre Wahrnehmungsmöglichkeiten einsetzen. Falls es sich um etwas handelt, das Sie sich besonders intensiv wünschen, so daß Sie gefühlsmäßig stark beteiligt sind, kann das die Klarheit Ihrer Wahrnehmungen beeinträchtigen. Am klarsten ist die Information, wenn Sie emotionell ausgeglichen sind, kein persönlicher Vorteil mit der Sache verbunden ist und das erhaltene Wissen zur Hilfe für andere eingesetzt werden soll. Aber auch wenn Sie an einer Frage emotionell beteiligt sind, können Sie bei dieser Art von «Übung» immer noch Wissenswertes über sich selbst erfahren.

Angenommen, einer Ihrer Freunde ist in Schwierigkeiten. Eines Tages setzen Sie sich in Ruhe hin, verwenden all die von mir gelehrten Techniken und spüren die Energie dieses Freundes. Sie beginnen, das Leben durch seine Augen zu sehen. Sie stellen fest, daß er auf gewisse Ansichten fixiert ist, die ihn behindern, und daß ein innerer Schmerz fühlbar wird. All das sehen Sie ohne Werturteile, nur im Bewußtsein starker Zuneigung und Fürsorge. Das Wahrnehmen dieser Energie beinhaltet keinen persönlichen Vorteil für Sie, keinerlei Wunsch nach Manipulation, nur das brennende Verlangen zu helfen. Vertrauen Sie der Information, die Sie erhalten. Bitten Sie Ihr Höheres Selbst und die höheren Mächte des Universums, Ihnen beizustehen und zu helfen. Bitten Sie darum, ein offener Kanal für das höhere Wissen sein zu dürfen, das Ihnen zuströmt. Ist es Ihr Ziel und Ihre Absicht, mehr Licht in Ihr Leben und das Ihrer Mitmenschen zu bringen, werden Ihnen die empfangenen Botschaften dabei helfen. Wenn Sie auf diese Weise vorgehen und aus Ihrem Herzen heraus handeln, in dem Wunsch zu dienen, wird Ihre Fähigkeit der energetischen Wahrnehmung rasch wachsen und keine Tür wird Ihnen verschlossen bleiben.

Verbringen Sie Ihre Zeit im Gedanken an Dinge, die Sie sich wünschen, und nicht im Gedanken an Unerwünschtes.

Je weniger Zeit Sie dem Aussenden Ihrer Wünsche widmen (die in Bilder gefaßt sind), um so mehr wird sich Ihr geistiger Raum mit den Erwartungen anderer an Sie füllen oder mit den niedrigeren Bildern, die auf Ihre alten Gedankenmuster zurückgehen. Dann werden Sie vermutlich diese Vorstellungen ausleben, anstatt zu erhalten, was Sie sich eigentlich wünschen. Die Bilderwelt stellt eine Kraftquelle für Ihre physische Welt dar. Sich das Gewünschte vorzustellen bedeutet, sich ein Modell zu schaffen, bevor man an die praktische Ausführung geht. Die Bilder lenken die Energien in Ihrem Körper. Wollen Sie eine Angelegenheit in Ihrem Leben bereinigen, können Sie immer um ein Bild oder ein Symbol bitten, das Ihnen dabei helfen soll. Erhält man Bilder und Vorstellungen (z. B. in Träumen), ist man oft versucht, eine logische Erklärung zu finden und die genaue Bedeutung der Symbole zu erfahren. Es ist jedoch nicht nötig, ihren Sinn zu kennen, um durch sie geheilt zu werden.

Durch das Aussenden von Symbolen und Bildern können Sie andere Menschen heilen. Eine schwierige Situation kann ebenso leicht mit Hilfe der Vorstellungskraft und mit Symbolen wie mit Worten gelöst werden. Symbole haben tatsächlich eine direktere Heilwirkung als Worte, da sie nicht an irgendwelche Glaubenssätze gebunden sind. Denken Sie an eine beliebige Situation, für die Sie momentan in Ihrem Leben nach einer Lösung suchen. Erbitten Sie ein Heilbild dafür. Versuchen Sie, auch ein Bild der Person zu erhalten, die damit zu tun hat, oder vielleicht sogar ein Gesamtbild der betreffenden Situation zu sehen. Wenn Ihnen jemand Schwierigkeiten bereitet und Ihre Zeit und Energie zu sehr in Anspruch nimmt, versuchen Sie, sie/ihn in einer symbolischen Form zu sehen. Möglicherweise kommt er in diesem Bild mit einem Rammbock auf Sie zu, und Sie stellen dabei eine Wand dar, die seiner Kraft ständig nachgibt. Durch Umwandeln und Heilen der Symbole könnten Sie die Sache aufarbeiten. Vielleicht stellen Sie sich vor, daß sich der Rammbock in ein kleines Stück Karton verwandelt und die Wand so elastisch wie Gummi wird. Energien können durch dieses Spiel mit Bildern und Symbolen eindeutig verändert werden, und jede Situation ist auf diese Weise lösbar.

Es gibt Energieströmungen, die den Planeten umkreisen. Sie können sie jederzeit anzapfen. Wenn Sie physische Kraft benötigen, können Sie tief einatmen und sich dabei vorstellen, mit dem Strom all jener Menschen verbunden zu sein, die über eine Fülle von Vitalität verfügen. Zu jedem beliebigen Zeitpunkt gibt es Millionen Menschen, die sich gerade auf bestimmte Ideen konzentrieren. Da sind Photographen, Schriftsteller, Meditierende, spirituelle Menschen, um nur einige zu nennen, und Sie können deren energetische Ausstrahlung nützen, um das, was Sie anstreben, zu erreichen oder zu stärken. Schließen Sie einfach die Augen und stimmen Sie sich auf all die Leute ein, die gerade das Gleiche wie Sie tun (auch wenn dies nur mit Hilfe Ihres Vorstellungsvermögens geschieht). Stimmen Sie sich auf den Strom stark geladener, erfolgreicher Energie ein. Über den Atem können Sie die globale Verbindung zu anderen Menschen herstellen und die Hilfe und Führung der höheren Mächte des Universums anziehen.

Jede Energie, die Sie anstreben, existiert auch auf dieser Welt. Möchten Sie mehr Liebe, können Sie die vorhandene Liebe, die den Planeten umfängt, einatmen. Früher oder später wird sie sich in Ihrer physischen Realität bemerkbar machen. Wenn Sie an einem Projekt arbeiten und Schwierigkeiten haben, es zu Ende zu führen, stellen Sie sich all jene Menschen vor, die ihre Projekte erfolgreich verwirklichen. Sie können in allem, was Sie tun, heilend wirken. Setzen Sie Ihre Fähigkeit, Energien wahrzunehmen und sich auf sie einzustimmen, für Ihre weitere Entwicklung und die der anderen ein. Es ist eine Gabe, die Sie schulen können und die Ihnen raschen Fortschritt ermöglicht.

Wie man die unsichtbaren Energien seiner Umgebung verstehen und lenken lernt

Übungsbogen

1) Wählen Sie eine Person aus, die Sie kennen, und beschreiben Sie das Leben dieses Menschen, wie er/sie es sieht.

2) Wie könnten Sie diesem Menschen in seinem/ihrem Wachstum Unterstützung und Hilfe gewähren? Stellen Sie sich das bildlich vor.

3) Nehmen Sie sich eine Situation in Ihrem Leben vor, über deren zukünftigen Ausgang Sie gerne Bescheid wüßten. Jetzt tun Sie so, als ob Sie sich fünf Jahre voraus in die Zukunft versetzen und auf den heutigen Tag zurückblicken würden. Was teilt Ihnen dieses Selbst über die zukünftigen Geschehnisse mit? Lassen Sie Ihrer Phantasie freien Lauf, und machen Sie sich ein Vergnügen daraus. Erfinden Sie das zukünftige Ergebnis einfach. (Vielleicht bewahren Sie eine Niederschrift davon auf, um später einmal darin nachzulesen.)

IV
Wie man die Energien anderer Menschen spürt

Viele von Ihnen entwickeln in dieser Zeit die Fähigkeit, zu sich selbst zu stehen und sich aus den kollektiven Gedankenmustern zu lösen, die nicht dem eigenen Wesen entsprechen. Energie ist wie eine Strömung. Oft fließt sie um Sie herum oder an Ihnen vorbei. Man könnte sie mit einem Duft vergleichen, der in der Luft liegt und Sie beeinflußt (oder auch nicht), je nachdem, wie sehr Sie sich dessen bewußt sind und für welche Reaktionen Sie sich entscheiden. Je bewußter Sie sich Ihrer selbst sind, um so weniger werden Sie von anderen Einflüssen beeinträchtigt. Je unbewußter Sie sich selbst gegenüberstehen und je weniger Aufmerksamkeit Sie Ihrem eigenen Wesen schenken, um so mehr können andere Kräfte auf Sie einwirken. Bis zu einem bestimmten Grad ist sich jeder seiner Gedanken und Gefühle bewußt. Sie wissen eindeutig, wann Sie glücklich oder deprimiert sind, ob Ihre Gedanken gerade ins Positive oder eher ins Negative umschlagen. Man kann jedoch lernen, noch tiefer zu gehen, um die feinen Strömungen und das Fließen der Energien sowie deren Auswirkung zu erkennen. Sie können zum Beobachter der Energien Ihrer Umgebung werden und Sie lenken, anstatt auf sie zu reagieren.

Überdenken Sie einen Augenblick lang den heutigen Tag. Welche Gefühle sind aufgetreten? Können Sie sich erinnern, was Sie in Gegenwart verschiedener Leute verspürt haben? Vermutlich haben Sie verschiedenste Emotionen durchlebt, angefangen von glücklichen, positiven Gedanken und Erfahrungen bis hin zu Ärger, Frustration, Beklemmung oder Depression. Einige dieser Empfindungen waren Reaktionen auf die Menschen, mit denen Sie zusammengetroffen sind.

Jeder Mensch sendet ständig seine Energien aus. Genauso, wie jeder über eine spezifische Körperchemie verfügt, hat er auch ein einzigartiges Energiemuster, das er ausstrahlt. Diese Energie könnte man mit einem Code vergleichen. Und so wie keine einzige Schneeflocke der anderen gleicht, gibt es auch im energetischen Code keine absolute Gleichartigkeit. Jeder Mensch, mit dem Sie zusammentreffen, wirkt auf irgendeine Weise anders auf Sie.

Achten Sie in Gegenwart bestimmter Personen auf Ihren Körper. Sitzen Sie gerade, oder krümmen Sie den Rücken? Verschränken Sie die Arme vor der Brust, oder halten Sie sie offen, so daß das Herz frei bleibt? Haben Sie hängende Schultern oder militärisch nach hinten gezogene? Lehnen Sie sich vor oder zurück, oder sitzen Sie völlig aufrecht? Der Körper wird Ihnen über Ihren Umgang mit Menschen immer Auskunft geben.

Körperliche, emotionelle und gedankliche Bewußtheit ermöglichen Ihnen festzustellen, welche Wirkung andere Menschen auf Sie ausüben.

Achten Sie morgen oder im Laufe der kommenden Woche darauf, was Sie bei der Begegnung mit verschiedenen Menschen empfinden. Richten Sie Ihr Augenmerk auf die jeweiligen Emotionen. Möglicherweise glauben Sie nicht, daß Sie von anderen beeinflußt werden, bevor Sie sich nicht eingehend damit beschäftigt haben. Es kann sein, daß Sie sich in Gegenwart einer bestimmten Person plötzlich finanzielle Sorgen machen, obwohl in diesem Punkt vor zehn Minuten noch alles in Ordnung schien. In diesem Fall haben Sie die Energie des anderen aufgenommen.

Wenn Sie sich vorlehnen, geben Sie Energie ab und versuchen, in den Raum des anderen einzudringen. Lehnen Sie sich zurück, heißt das, daß Sie die Energie Ihres Gegenübers meiden, weil er zu heftig auf Sie zukommt. Sitzen oder stehen Sie völlig aufrecht, mit geraden Schultern, sind Sie am ehesten in einer Position der Kraft, denn diese Haltung drückt Zentriertheit und Ausgeglichenheit aus. Dadurch können Sie die Energie Ihrer Umgebung auch kontrollieren. Wenn Sie gerade sitzen, die Füße flach auf dem Boden, und gleichmäßig atmen, ist das die ideale Haltung, um die Verbindung zum Höheren Selbst herzustellen.

Die Beeinflussung durch andere Leute läßt sich auch feststellen, indem man seine Gedankengänge genauer verfolgt. Welche Gedanken tauchen in Gegenwart verschiedener Menschen in Ihnen auf? Im Beisein einer bestimmten Person fällt vielleicht auf, daß Ihre Gedanken ständig um Liebe, Transformation und die Schönheit des Universums kreisen. Bei einem anderen Menschen ertappen Sie sich möglicherweise dabei, daß Sie nur überlegen, wie hart das Leben doch ist, welche Schwierigkeiten Sie haben, wieviel Arbeit noch vor Ihnen liegt. Überwachen Sie Ihre Gedankengänge, wenn Sie mit anderen zusammen, aber auch wenn Sie allein sind. Wenn Sie nicht wissen, wie und was Sie denken, solange Sie allein sind, können Sie die Auswirkung anderer auf Ihre Gedankengänge wohl kaum feststellen.

Beachten Sie im Beisein mit anderen auch die emotionellen Veränderungen, die vor sich gehen. Möglicherweise fühlen Sie sich plötzlich müde oder glücklich, energetisiert oder ausgelaugt, deprimiert, ängstlich und ärgerlich. Beobachten Sie die Unterschiede. Lernen Sie, sich durch die Kontakte zu Mitmenschen nicht auslaugen, sondern aktivieren und energetisieren zu lassen. Der erste Schritt besteht darin, sich bewußt zu werden, ob die Gegenwart von jemandem schwächend auf Sie wirkt, selbst wenn es kaum merklich ist. Man meint oft, man sei im Unrecht, wenn man sich durch andere erschöpft fühlt. Dann sagen Sie sich vielleicht: «Ich bemühe mich nicht genug um ihn/sie», oder: «Vielleicht habe ich etwas Falsches gesagt. Vielleicht habe ich nicht richtig ausgedrückt, worum es mir ging. Vielleicht war ich nicht freundlich genug, nicht liebevoll genug.» Dann suchen Sie nach Fehlern, die *Sie* möglicherweise begangen haben, und steigern Ihre Bemühungen, um den anderen zufriedenzustellen.

Setzen Sie weder sich selbst noch jemand anderen ins Unrecht.

Sie können zu niemandem eine heilende Verbindung aufnehmen, wenn Sie sich selbst für fehlerhaft oder unzulänglich halten. Fühlen Sie sich aufgrund einer bestimmten Beziehung schlecht, sagen Sie sich: «Ich bin so, wie ich bin, in Ordnung.» Gehen Sie tiefer in Ihr Inneres. Beobachten Sie im Gespräch mit dem Betreffenden Ihren Energiefluß. Richten Sie Ihr Augenmerk auf Ihre Gefühle, Gedanken und körperlichen Signale. Überprüfen Sie Ihre Energien ständig, und stellen Sie sich die Frage: «Fühle ich mich wohl? Fühle ich mich akzeptiert oder eher minderwertig?» Es gibt absolut keinen Grund, seine Zeit mit Leuten zu verbringen, die einem ein schlechtes Selbstwertgefühl vermitteln.

In dem Maße, wie Sie sich die energetische Dynamik einer

Situation vergegenwärtigen, können Sie ihr Signale entnehmen, die Ihnen mehr über sich selber mitteilen. Angenommen, Sie unterhalten sich mit jemandem und er scheint nur über sich sprechen zu wollen, ohne Ihnen Gehör zu schenken. Sie fühlen sich mißachtet und werden ärgerlich, oder Sie haben den Eindruck, nicht respektiert zu werden. Wenn Sie in sich gehen, stellen Sie vielleicht fest, daß *Sie* Ihren Gefühlen keinerlei Bedeutung beimessen oder nicht auf sie achten oder daß *Sie* vielen inneren Mitteilungen kein Gehör schenken. Jede Interaktion kann Ihnen Aufschluß über Sie selber geben. Sobald Sie Ihr inneres Drama gewandelt und geheilt haben, werden Sie auch diese Art von Begegnung im äußeren Leben nicht mehr anziehen.

Sofern Sie keinen Heilberuf ausüben, sollten Sie Menschen meiden, die Ihre Energien erschöpfen oder ausnutzen wollen. Beim Heilen lenken *Sie* die Energie und fühlen sich dadurch nicht geschwächt. (Ausgenommen die Energie des Betreffenden wird von Ihnen absorbiert, oder er leistet der Heilung Widerstand.) Es gibt keinen Grund, sich in eine Situation zu begeben, in der man sich mißachtet, ungeliebt oder unterschätzt fühlt.

Warum erlauben Sie sich eigentlich den ganzen Tag lang, mit Verkäufern, Kunden oder bei Telefongesprächen in Situationen zu geraten (mögen sie noch so unbedeutend scheinen), in denen man Sie mit Geringschätzung behandelt? Das geht auf eine Anschauung zurück, die in Ihrer Kultur verbreitet ist und besagt, man hätte nicht das Recht, sich seine Gesellschaft selbst auszusuchen. Vielleicht meinen Sie, Sie seien anderen Ihre Zeit und Ihre Energie schuldig oder Sie seien ihnen verpflichtet, weil sie an Ihrem Leben teilnehmen. Mancher von Ihnen glaubt, er müßte absolut jedermann mit Liebe, Fürsorge und Hilfsbereitschaft begegnen. Jemanden zu lieben heißt aber nicht, den Gefühlen des anderen mehr Bedeutung beizumessen als den eigenen. Wenn Sie sich einmal das Leben von bereits hochentwickelten Wesen ansehen, werden Sie feststellen, daß es vielerlei Wege gibt, anderen in Liebe gegenüberzutreten. Das beinhaltet auch eine gewisse Direktheit, die keinerlei kleinliches Betragen duldet. Selbst grobe Worte sind in diesem Fall mit Bedacht gewählt und drücken noch Mitgefühl aus.

Die Hingabe an Ihr höheres Ziel und die Selbstliebe stehen an erster Stelle. Vergessen Sie bei allen Begegnungen im Alltag nicht, daß Sie niemandem Ihre Zeit und Energie schuldig sind. Es sind die größten Gaben, die Sie erhalten haben, und die Art, wie Sie mit ihnen umgehen, wird für Ihre Entwicklung in diesem Leben ausschlaggebend sein.

***Wenn Sie sich herabgesetzt,
ärgerlich oder ausgelaugt fühlen,
ist das ein Zeichen dafür,
daß andere Menschen für Ihre Energien
noch nicht offen sind.***

Vielleicht erfährt der andere diese Energie nicht als heilsam, weil sie seinem Ego nicht dient. Oder möglicherweise blockiert er sie und lehnt Ihre Energie ab. Sobald Sie bemerken, daß Sie auf irgendeine Weise geschwächt werden – wenn Sie sich beim Versuch, mit jemandem zu sprechen vorlehnen, um seine Aufmerksamkeit betteln, wenn Sie sich ausgelaugt, herabgesetzt, nicht anerkannt oder nicht unterstützt fühlen –, sollten Sie sich fragen, warum Sie in dieser Situation verweilen.

Fühlen Sie sich von einer fremden Person ohne ersichtlichen Grund geschwächt oder mißachtet, haben Sie wahrscheinlich einen sogenannten «Psi-Angriff» erlebt. Solch eine Begegnung stellt eine Botschaft des Universums dar, das Ihnen auf diesem Weg mitteilt, mehr darauf zu achten, wie Sie mit sich selbst umgehen. Möglicherweise geben Sie Ihre Energien an Menschen weiter, die sie gar nicht aufnehmen können. In dem Moment, wo Sie einen solchen «Stoß» oder die Mißachtung einer Person verspüren, die Sie entweder kaum kennen oder vermutlich nie wieder treffen werden, überdenken Sie einmal die Beziehungen, die Sie mit Ihren Freunden oder anderen Menschen eingegangen sind. Vielleicht mißachten Sie sich selbst auf irgendeine Weise. Wenn das Universum Sie nicht mit Hilfe der Signale über diese engen Beziehungen erreichen kann, wird es Ihnen jemand Fremden schicken, um Sie wachzurütteln. Es ist nur eine Ermahnung, daß Sie sich in einem Ihrer Lebensbereiche nicht wirklich achten. Danken Sie für diese Ermahnung, und überprüfen Sie dann Ihre Beziehungen etwas genauer. Fragen Sie sich: «Wo verausgabe ich meine Energien, ohne etwas dafür zurückzubekommen?»

Die meisten von Ihnen möchten den Menschen, die sie kennen, liebevoll, heilend und hilfreich zur Seite stehen und wünschen sich eine innige, vertraute Beziehung zu ihnen. Solche Beziehungen sind dann möglich, wenn die Menschen, die Sie lieben und unterstützen, auch fähig sind, etwas anzunehmen. Stellen Sie sich vor, Sie haben einen Nachbarn, dem Sie gerne etwas geben möchten. Also senden Sie ihm wiederholt Geschenke. Er hingegen fühlt sich irritiert und ist verstimmt, weil Sie ihn zu etwas zu verpflichten scheinen, wozu er weder Zeit noch Lust hat. Sie würden sich allmählich herabgesetzt fühlen und sich fragen, warum er Ihnen denn nicht dankt oder selbst etwas gibt. Sie würden überlegen, warum Sie sich nicht wohl dabei fühlen, obwohl Sie großzügig gehandelt haben. Wie Sie sehen, gibt es oft Momente, in denen es gar nicht angebracht ist, anderen etwas zu geben. Sie könnten Ihnen das sogar verübeln, weil sie nicht um Ihre Liebe oder Heilkraft gebeten haben.

Wollen Sie eine heilende Beziehung zu anderen herstellen, sollten Sie wissen, wieviel zu geben und wieviel zu nehmen ist.

Darüber hinaus sollte man auch wissen, wieviel man selbst annehmen kann. Viele von Ihnen sind nicht offen genug, um überhaupt etwas entgegenzunehmen, obwohl sie anderen gerne geben. Wenn Sie den Eindruck haben, daß die anderen Ihre Gaben nicht zu schätzen wissen, sollten Sie Ihre eigene Offenheit und Empfangsbereitschaft überprüfen.

Jeder hat schon die Erfahrung gemacht, wie es ist, mit Geringschätzung behandelt zu werden. Fragen Sie sich: «Habe ich mehr zu geben versucht, als der andere annehmen konnte?» Das kann einer der Gründe sein, warum man sich manchmal auch von Freunden erschöpft fühlt.

Wer in einem Heilberuf tätig ist, fühlt sich oft geschwächt, ja regelrecht ausgebrannt, wenn der Energiestrom nicht nach beiden Seiten fließt. Es gibt nichts Anregenderes für den Heiler (und dasselbe gilt für den Empfänger der Heilung) als einen Strom der Liebe, der nach beiden Seiten fließt. Dann wird die Heilung tatsächlich offenkundig und führt zu weiteren Fortschritten. Der Heiler wird durch den Empfänger seiner Energie ebenso aufgeladen wie der Empfänger vom Heiler. Als Heiler werden Sie möglicherweise von Menschen geschwächt, die nicht annehmen können. Oder die anderen fühlen sich geschwächt, weil Sie mehr geben, als sie empfangen können.

Negative Emotionen wie Ärger, Sich-verpflichtet-Fühlen oder Ablehnung treten immer dann auf, wenn es zu einem Energieverlust gekommen ist. Überprüfen Sie sich, beobachten Sie Ihre Gedanken, Gefühle und körperlichen Reaktionen. Daraus können Sie schließen, ob der Energieaustausch gegenseitig war oder nicht. Was kann man unternehmen, wenn man feststellt, daß einem Kraft verlorengeht? Machen Sie sich zuerst bewußt, daß Sie Ihre Gedanken, Emotionen und körperlichen Reaktionen absolut beherrschen können. Wenden Sie sich nach innen, und bitten Sie das Universum und Ihr Höheres Selbst um eine klare Sicht, damit Ihre Lernerfahrungen verständlich für Sie werden.

Häufig gerät man in eine Lage, in der der energetische Austausch fühlbar unausgeglichen ist. Angenommen, jemand borgt sich wiederholt Geld von Ihnen, ohne es zurückzuzahlen. Je mehr Sie – erfolglos – diese Rückzahlung fordern, um so größer wird Ihr Ärger darüber. Sie können nach innen gehen und sich fragen: «Ist das ein Symbol für meine energetische Verausgabung? Bin ich nicht offen genug, um etwas zurückzubekommen?» Sie können vieles über Ihren Energiefluß herausfinden, indem Sie auf die Bereiche achten, in denen Sie eine Schwächung erfahren. Dadurch wird es auch möglich, diese Signale als Herausforderung und Lernerfahrung zu betrachten. Falls Sie glauben, daß Sie das, was Sie sich wünschen, eigentlich nicht verdienen, dann bekräftigen Sie vor sich selbst, daß Sie *durchaus* Beziehungen herstellen können, die für alle Beteiligten heilsam sind.

Was das Erfühlen von Energien angeht, haben die meisten von Ihnen Zweifel. Vielleicht überlegen Sie: «Spüre ich diese Energie wirklich, fühle ich mich herabgesetzt und ausgelaugt? Oder bin ich ganz einfach müde und bilde mir das nur ein?» Machen Sie sich wegen dieser Zweifel keine Sorgen. Sie können ebensogut aus einer gewissen Stärke resultieren, die verhindert, daß Sie von den verschiedenen Energieströmen Ihrer Umgebung umhergezerrt werden. Der Schlüssel ist – lernen Sie, sich Ihren Zweifel zum Freund zu machen. Manchmal werden Sie eine zweifelnde Stimme hören, die sich über bestimmte Dinge in Ihrem Leben äußert. Das klingt dann in etwa so: «Vielleicht wird es nie funktionieren. Möglicherweise sind das alles Luftschlösser. Ich werde wohl nie bekommen, was ich mir wünsche. Vielleicht bin ich im Unrecht.» Diese kleine Stimme der Unsicherheit kann so unglaublich mächtig wirken. Horchen Sie hin. Sprechen Sie mit ihr, denn diese Stimme bietet auch immer wertvolle Informationen für Sie. Was könnte die Botschaft, die positive Seite dieser zweifelnden Stimme sein?

Oft reagiert man darauf, indem man sagt: «Nein, ich werde mich nicht entmutigen lassen. Ich vertraue weiterhin. Ich werde meine Vision aufrechterhalten. Ich werde es auf jeden Fall versuchen.» Sobald Sie gegen die Skepsis ankämpfen, hat diese Stimme ihr Ziel schon erreicht: Ihre Stärke zum Vorschein zu bringen.

Manchmal erscheinen die Zweifel beinahe übermächtig, und Ihre eigene Bestimmtheit muß sie übertönen, um überhaupt gehört zu werden. Fühlen Sie solche Zweifel in sich aufsteigen, die Ihre Kraft, Ihre Interpretation von Ereignissen und Ihren Weg in Frage stellen, sprechen Sie mit dieser Stimme und finden Sie heraus, was sie Ihnen mitzuteilen versucht. Fragen Sie, welche Gabe sie bereithält. Je eher Sie das Geschenk dieser Unsicherheit anerkennen, um so schneller wird die Stimme schweigen und Ihnen bei der Erreichung Ihrer Ziele helfen.

Die Stimme des Zweifels stellt auch immer eine Herausforderung dar. So können Sie feststellen, wie sehr Sie an sich glauben. Wenn Sie zweifeln, ob Sie nun wirklich ausgelaugt sind oder nicht, besagt die Lektion, daß Sie Ihren Gefühlen trauen sollen. Sobald Sie auch nur den geringsten Verlust wahrnehmen, beobachten Sie die energetische Dynamik zwischen Ihnen und der anderen Person, die gerade zugegen ist. Vertrauen Sie darauf, daß Sie sich nicht geschwächt fühlen würden, wenn es nicht tatsächlich der Fall wäre.

Emotionen können Ihnen Antworten sichtbar machen. Sie

können aber auch die Klarheit Ihrer Eingebungen blockieren, wenn Sie Energien wahrzunehmen versuchen. Warum hat man Emotionen und was bewirken sie?

Emotionen helfen Ihnen beim Erschaffen von Realität.

Wenn Sie an etwas glauben, es lieben, ersehnen und herbeiwünschen, können Sie es schneller verwirklichen. Gehen Sie mit Ihren eigenen Gefühlen liebevoll um, aber lassen Sie sich nicht von ihnen Ihre Energie rauben. Das gilt auch für die Emotionen anderer. Die Gefühle anderer Leute können Ihre Energie nur in dem Maße binden oder schwächen, wie Sie das selber ähnlichen Empfindungen in Ihrem Inneren gestatten. Niemand kann Sie mit heftigen, intensiven oder negativen Emotionen verletzen, außer Sie tragen die gleichen Gefühle mit sich herum. Aufgrund des Resonanzprinzips wecken die Emotionen anderer auch die entsprechenden Gefühle in Ihnen. In dem Maße, wie Sie Ihre eigenen Emotionen beherrschen, werden Sie mit den intensiven Gefühlen anderer umgehen können.

Wie bringt man seine Emotionen zur Ruhe? Schenken Sie den ersten Anzeichen von negativem Gefühl Beachtung, bevor es sich zu einer Krise auswächst. Ihr Höheres Selbst spricht immer mit Hilfe von Emotionen zu Ihnen, um Sie zu führen. Wenn Sie auf einer niedrigen Intensitätsstufe noch nicht vorsichtig werden, steigern sich die Emotionen. Das Gleiche gilt im Umgang mit anderen. Falls Sie nicht beim geringsten Anzeichen von Mißachtung reagieren, wird der Betreffende Ihre Energien weiterhin erschöpfen, bis Sie die Lektion endlich verstanden haben. Diese Erschöpfung kann immer weitergehen, bis Sie der Sache ein Ende machen, indem Sie die Beziehung auflösen oder klar aussprechen, was Sie wollen.

Sobald Ihnen Situationen auffallen, in denen Sie mit Geringschätzung behandelt werden oder wo zuviel von Ihnen verlangt wird, klären Sie erst einmal die negativen Energien. Bleiben Sie in aufrechter, zentrierter Haltung, lehnen Sie sich weder vor noch zurück. Wenn Sie mit Menschen zusammen sind, die Sie schwächen, lernen Sie, Ihre Gefühle in Worte zu kleiden, auch wenn Sie es nur für sich selbst in Ihrem Inneren tun.

Der verbale Ausdruck von Gefühlen kann sehr klärend auf Ihre persönliche Sphäre wirken. Bringen Sie Ihren Ärger zum Ausdruck, aber noch wichtiger ist, die negative Energie wieder aus Ihrem Körper-Geist-Bereich zu lösen. Sprechen Sie Ihren Ärger auf ein Tonband oder in ein Video, oder schreiben Sie ihn einfach nieder. Jeder Vorgang, der das wieder aus Ihrem Körper löst, wirkt heilend und klärt die Energien, die Sie von anderen aufgenommen haben.

Emotionen können einer klaren Wahrnehmung im Wege stehen. Ist eine Angelegenheit für Sie emotionell sehr beladen, fällt es Ihnen auch wesentlich schwerer, eine höhere Lösungsmöglichkeit zu erkennen. Bevor Sie das Universum um Antwort bitten, sollten Sie in sich einen friedlichen, ruhigen Ort finden, damit die Antwort auch empfangen werden kann.

Viele von Ihnen sind auch in der Rolle des Zuhörers mit Ihrem ständigen inneren Geschwätz beschäftigt. Sie überlegen, welche Antwort man geben könnte oder was Sie auf eine Aussage erwidern wollen. Ich nenne das «tun statt sein». Tun heißt, daß der Verstand ständig beschäftigt ist und ununterbrochen einen inneren Dialog führt. Sein ist der Zustand der Ruhe, wo Sie bewußt und konzentriert auf das hören, was der andere mitzuteilen hat.

Hören Sie mit innerer Ruhe zu. Dann können Sie den Energiefluß zwischen sich und Ihrem Gesprächspartner lenken.

Je beschäftigter Ihr Verstand ist, um so empfänglicher sind Sie für unbewußte energetische Beeinträchtigung. Je ruhiger Sie innerlich beim Zuhören sind, um so eher können Sie das Ergebnis dieser Interaktion bestimmen und sich Ihrer emotionellen und körperlichen Signale bewußt werden. Probieren Sie, in der Begegnung mit anderen nur dazusein. Üben Sie einmal, nichts zu tun, zu denken oder zu erwidern. Achten Sie einfach auf die Geräusche, die Gerüche, den Raum und die energetische Wechselwirkung jenseits der Worte. Überprüfen Sie Ihre Empfindungen und beobachten Sie, was gesagt wird. Sie werden feststellen, daß Ihnen ein ganzer Strom von Informationen zufließt.

Möglicherweise werden Sie sich nun über die Art von Beziehung, die Sie bisher geführt haben, wundern. Was Sie für positiv und heilsam gehalten haben, erweist sich eventuell als das Gegenteil. Vielleicht erkennen Sie überhaupt zum ersten Mal wirklich, welche Art von Energie Ihnen Ihr Gegenüber vermittelt oder nicht vermittelt.

Machen Sie sich die Welt, in der Sie leben, bewußt. Achten Sie auf die Signale, die Ihnen von den liebevollen, höheren Mächten des Universums ständig gesandt werden, und achten Sie vor allem auf sich selbst.

Wie man die Energien anderer Menschen spürt

Übungsbogen

1) Setzen Sie sich ruhig und entspannt hin. Stimmen Sie sich auf Ihre eigene Energie, Ihren Körper, Ihre Gefühle und Ihre Gedankenwelt ein, damit Sie Ihre eigene Realität kennenlernen. Dann denken Sie an jemanden, den Sie kennen. Senden Sie ganz sanft Ihren Geist aus, öffnen Sie Ihr Herz und horchen Sie ruhig auf alle Bilder, Symbole oder Gefühle, die jetzt zu Ihnen zurückkommen. Beachten Sie den Unterschied zwischen Ihren Empfindungen und denen der anderen Person. Stellen Sie fest, welche Veränderungen im Körper, in den Gefühlen oder Gedanken aufgetreten sind, und kehren Sie dann in Ihre eigene Realität zurück. Schreiben Sie alle empfangenen Eindrücke auf.

2) Teilen Sie diese Erfahrungen mit der betreffenden Person und vermitteln Sie ihm/ihr jegliche positive Information oder liebevolle Einsicht, die Sie erhalten haben. Holen Sie sich sein/ihr Feedback, denn dadurch können Sie immer genauer interpretieren, was Sie empfangen.

V
Wer bin ich?

Die Frage «Wer bin ich?» ist grundlegend, denn ohne dieses Wissen können Sie die Energie Ihrer Umgebung nicht klar wahrnehmen und interpretieren.

Jeder hat eine Vorstellung davon, wer er ist. Man hat sich in vielen verschiedenen Situationen beobachtet und weiß, wie man reagiert. Die meisten von Ihnen haben auch eine Vision dessen, wer sie gerne sein möchten, wie ihr Körper aussehen sollte, wie sie ihre Zeit gerne verbringen würden, wieviel Geld sie verdienen möchten, welches Fitneßtraining sie betreiben und welche Nahrung sie zu sich nehmen sollten. Wir werden uns später mit all diesen Bildern und Vorstellungen auseinandersetzen, denen Sie – Ihrer Ansicht nach – entsprechen sollten, und die Vision genauer betrachten, die Sie gerne erfüllen würden. Um sich kennenlernen zu können, brauchen Sie ein ruhiges Gemüt. Ich habe bereits von der Stille und der «leeren Leinwand» gesprochen, die durch Entspannung und Visualisierung entstehen. Das Wissen um sich selbst erfordert eine Zeit des Alleinseins, eine ruhige Phase des Reflektierens, in der Sie auf Ihre Gedanken horchen und über sich selbst und den Tag nachsinnen können.

Zu wissen, wer man ist, heißt für sich selbst einzustehen. Was bedeutet nun dieses «Einstehen»? Manche denken, es bedeute den Einsatz von Willenskraft, um sich zu der Lebensweise zu zwingen, die man für die richtige hält. Andere glauben, es hieße, daß Sie unerschütterlich an einer Entscheidung festhalten müßten, sobald sie einmal getroffen worden ist.

***Für sich selbst einstehen heißt,
von Augenblick zu Augenblick auf seine Gefühle
hören und gemäß dem zu handeln,
was im gegenwärtigen Moment angebracht ist.***

Beinahe alle Beschlüsse, die Sie fassen, fußen auf einer Projektion Ihres momentanen Selbst in die Zukunft. Das heißt, Sie treffen schon Entscheidungen für eine Zeit, die noch gar nicht gekommen ist. Für sich selbst einzustehen bedeutet, in der Gegenwart zu bleiben und anzuerkennen, daß man genügend Bewußtsein entwickelt hat, um im jetzigen Moment richtig zu handeln. Sie vertrauen sich selbst in dem Wissen, daß Sie nicht erst wachgerüttelt werden müssen, um sich zu erklären, wie Sie vorgehen werden. Sie brauchen sich um das, was in drei Wochen oder in einem Jahr geschehen wird, nicht zu sorgen. Es geht um die Gewißheit, daß Sie zu diesem zukünftigen Zeitpunkt nicht mehr derselbe sein werden, daß Sie weiser sein und Fortschritte gemacht haben werden. Es ist zwar wichtig, die gewünschten Dinge für die Zukunft zu planen und zu visualisieren, aber dann lassen Sie sie los und vertrauen Ihrem zukünftigen Selbst.

Für sich selbst einstehen heißt auch zu wissen, was zum gegenwärtigen Zeitpunkt für Sie angebracht ist. Dazu müssen Sie um Ihre Gefühle Bescheid wissen. Vielleicht behaupten

Sie: «Ich kenne meine Gefühle», doch die meisten von Ihnen kennen sie nicht, und noch wenigere untermauern ihre Gefühle durch Worte oder Taten. Es bittet Sie z. B. jemand um einen Gefallen, und Sie sagen sich: «Ich habe zwar keine Lust, das zu tun, aber ich muß wohl . . .» Und dann tun Sie es auch, gegen Ihre eigene Überzeugung. Das Versprechen, sich zu achten, das Sie sich selbst gegeben haben, wird von anderen vielleicht als egoistisch betrachtet. Möglicherweise sind Sie aber auch selber in einem Denkmuster befangen, das jegliche Selbstsucht verurteilt und besagt, daß Sie anderen verpflichtet seien oder ihnen etwas schuldig wären. Es ist unmöglich, Energien klar wahrzunehmen, in der Mitte seiner selbst zu sein und seine Kräfte zu lenken, wenn man sich nicht als erstes sich selbst gegenüber verpflichtet fühlt. Wenn Sie Ihr Leben, Ihre Gedanken, Ihre Ziele und Ihre Zeit nicht an erste Stelle setzen, werden Sie von den Wünschen und Erwartungen anderer in einen Strudel gezogen. Was Ihnen auch begegnen mag, sei es eine Person, ein Projekt oder ein Ereignis, es wird Sie wie ein kleines Kanu auf den hohen Wellen des Ozeans hin und her schleudern. Wenn Sie aber wissen, wer Sie sind, Ihrem eigenen Leben Priorität geben, Ihre Gefühle anerkennen und entsprechend handeln, können Sie mit einem seetüchtigen Schiff ruhige Gewässer befahren und das Ziel genau bestimmen.

Sie sollten wissen, wann Sie auf Ihre eigenen Bedürfnisse zu achten haben und wann Sie selbstlos sein können.

Es ist zwar wichtig, auf sich selbst ausgerichtet zu sein, zu wissen, wer man ist, und seinem eigenen Leben den Vorrang zu geben, man muß sich jedoch gleichermaßen seiner Wirkung auf andere Menschen bewußt sein. Man ist wesentlich stärker, wenn man die Auswirkung seiner Handlungen auf andere kennt und dann entscheidet, wie man vorgehen will. Mancher befürchtet schon, seiner Selbstsucht zu erliegen, nur weil er etwas tut, was gut für ihn ist. Wenn Sie Ihren Weg und Ihr Höheres Selbst achten, gehen Sie auch mit anderen immer respektvoll um, selbst wenn es im Moment nicht so aussehen mag. Natürlich sollte man wissen, wann Selbstlosigkeit angebracht ist – wann es dem Fluß der Dinge zu folgen gilt, ohne den Forderungen des Ego nachzugeben. Die besten Richtlinien, die ich geben kann, sind folgende: Seien Sie selbstlos, wenn es um Unwichtiges geht – an welchen Tisch setzt man sich in einem Restaurant, welchen Film sieht man sich an, Kleinigkeiten, die überall auftauchen. Handelt es sich aber um die Aufrechterhaltung Ihrer höheren Vision, um Dinge, die der Menschheit dienen, dann sollen Sie Ihren Standpunkt vertreten (jedoch auf sanfte, mitfühlende Weise). Selbstlosigkeit ist wichtig, wenn Sie in einer größeren Gruppe mitwirken, die auf ein gemeinsames Ziel hinarbeitet (sofern dieses Ziel auch Ihrem höheren Streben entspricht), und dieser Dienst mit einem Gefühl der Freude verbunden ist. Fußt diese Selbstlosigkeit allerdings auf Schuldgefühlen, Druck oder einer Haltung des «ich muß», ist sie fehl am Platze.

Die meisten von Ihnen sind völlig in ihr eigenes Leben verstrickt. Sie sind so auf den guten Eindruck bedacht, den sie auf andere Leute machen – «Was wird Herr/Frau X wohl denken, wenn ich von dem erzähle, was ich tue?» –, daß sie sich selbst nur aus einer sehr begrenzten Perspektive sehen können. Es gibt viele Möglichkeiten, den eigenen Körper zu «verlassen» und damit seine Sichtweise zu verändern, um sich in einem neuen Licht sehen zu können. Schlüpfen Sie z. B. in die Haut einer anderen Person, und sehen Sie sich diese Person dann nicht durch die Brille Ihrer Urteile und Ansichten an, sondern aus der dieser Person eigenen Perspektive. Viele fühlen sich wie Schauspieler im Rampenlicht, ständig beobachtet und beurteilt. Aber nur sie selbst, niemand anders, hat sie auf diese Bühne gestellt, wo sie ständig beobachten und beurteilen. Allmählich fühlen sie sich auch für andere Leute verantwortlich – und wenn es denen schlechtgeht, meinen sie, das läge an ihnen.

***Fühlen Sie sich nicht
für das Glück anderer verantwortlich.
Jeder muß die Entscheidung
für das eigene Glück selbst treffen,
sie kann ihm nicht abgenommen werden.***

Kleine Kinder aus geschiedenen Ehen glauben oft, sie hätten die Scheidung ihrer Eltern verursacht. Aus ihrer kindlichen Sicht erleben sie alle Geschehnisse in direktem Zusammenhang mit ihrer Person. Möchten Sie sich einmal in einem neuen Licht sehen, versuchen Sie, sich durch die Augen einer anderen Person zu betrachten. Schlüpfen Sie in die Haut des anderen. Überlegen Sie, worin seine/ihre Herausforderungen und Ansichten bestehen könnten, wo ein Überfluß und wo ein Mangel herrscht, und lassen Sie die Bilder fließen. Sie haben soeben Ihren Körper verlassen und sind Teil des Energiesystems einer anderen Person geworden. Indem Sie aus Ihrem eigenen Leben heraustreten und den eigenen Standpunkt verlassen, können Sie die Handlungen und Verhaltensweisen anderer besser verstehen und sich selbst klarer wahrnehmen. Betrachten Sie Ihr Leben durch seine/ihre Augen. Beginnen Sie schon morgen damit, bei all den Menschen, denen Sie begegnen. Sie werden feststellen, in welcher Art von Realität die anderen leben, ob sie unter Streß stehen, welche Gedanken sie mit sich herumtragen und welche Lektion sie gerade gelernt haben. Aus diesem Verständnis heraus können Sie ihnen auf eine Weise gegenübertreten, die für beide Seiten heilsam ist. Machen Sie sich dieses Vorgehen zur Gewohnheit. Falls Sie einmal anderer Leute wegen besorgt sind und wissen möchten, was man wohl von Ihnen hält oder was mit den Betreffenden gerade los ist, können Sie auf die gleiche Art vorgehen, um deren Energien zu erfühlen.

Eine der größten Schwachstellen bei der Wahrnehmung von Energie besteht darin, daß man sich fast ausschließlich auf sich selbst konzentriert und sich zu sehr in den Mittelpunkt seiner Lebenssituation rückt. Die Wahrnehmung anderer Realitäten wird blockiert, sobald man zu sehr um die Meinung der anderen besorgt ist, anstatt zu überlegen, was man tun könnte, um sie zu unterstützen und zu heilen. (Was wiederum für *Sie selbst* heilend und hilfreich wäre.) Wenn wir vom Aufstieg zu höheren Energieebenen sprechen, ist damit unsere heilsame Wirkung auf unsere Mitmenschen gemeint, und zwar bei jeder Begegnung und den ganzen Tag lang.

Sie können nicht sensibler für Energien werden, wenn Sie nicht auf eine heilsame Weise damit umgehen. Das Universum würde Ihnen keine intensive Erfahrung in diesem Bereich gestatten, solange Sie nicht damit umgehen könnten. Je eher Sie die Energien, die Sie wahrnehmen, auf eine für Sie und andere positive Weise handhaben lernen, um so deutlicher werden Sie die Kräfte in Ihrer Umgebung fühlen und erkennen.

Was ist nun eine «heilende Begegnung»? Wie erreicht man diese Wirkung im Zusammensein mit anderen? Der erste Schritt besteht darin, den Menschen, mit denen man in Kontakt kommt, zu vergeben. Machen Sie sich alle Vorbehalte bewußt, die Sie ihnen gegenüber empfinden oder empfunden haben, jedes Gefühl der Überlegenheit oder Minderwertigkeit, jeglichen Groll sowie alle negativen Gedanken, die

Sie ihnen gesandt haben (selbst wenn es nur die Vorstellung war, daß sie in irgendeinem Punkt Ihren Maßstäben nicht gerecht würden). Auch sich selbst sollten Sie nun alles vergeben, was Sie auf gedanklicher oder emotioneller Ebene an Nicht-Förderlichem ausgesandt haben. Fragen Sie sich, wie Sie dem anderen in seiner spirituellen Entwicklung weiterhelfen können. Welche Mitteilung von Ihrer Seite könnte für ihn nützlich sein? Um die Antwort zu finden, müssen Sie ihren Körper verlassen und Teil der Realität des anderen werden. Was schätzen Sie an ihm, wie können Sie Ihre Anerkennung und Ihren Dank ausdrücken? Diese Fragen und Gedanken ermöglichen Ihnen, über die begrenzte Sichtweite der eigenen Persönlichkeit hinauszugehen.

Geben Sie anderen,
was Sie selbst empfangen möchten –
Liebe, Unterstützung, Wertschätzung, Heilung
und Anerkennung – und
Sie werden all das selbst erhalten.

Überlegungen wie: «Auf welche Weise bekomme *ich* mehr Anerkennung und Unterstützung, wie bekomme *ich,* was ich möchte?» blockieren eine klare energetische Wahrnehmung. Geben eröffnet Ihnen die Fähigkeit, andere und deren Realitätssysteme zu sehen, und vor allem ermöglicht es Ihnen, eine liebevollere, höhere Sicht von sich zu gewinnen.

Sie werden automatisch für sich Unterstützung, Vergebung, Anerkennung und Wertschätzung erzielen, wenn Sie Ihren Mitmenschen auf diese Weise begegnen. Die heilende Begegnung ist nicht nur ein Geschenk an die Welt, sie ist auch ein Geschenk an Sie.

Sie alle können lernen, bewußter für die eigenen Energien

zu werden, indem Sie den Kraftfluß anderer Leute beobachten. Je genauer Sie die Energien anderer wahrnehmen, um so genauer können Sie auch die Kräfte in Ihrem Inneren verfolgen. Das gilt nicht nur für positive Energien, sondern ebenso für Angst und dunkle Kräfte. Beim Urteilen über andere spüren Sie Ihren eigenen Schatten und ziehen die negative Energie, die Sie gerade bewerten, selbst an. Will man Kräfte klar unterscheiden lernen, gilt es, Gut-und-Böse-Kategorien hinter sich zu lassen. Stellen Sie sich der Herausforderung, den Richtig/Falsch-Bezugsrahmen aufzugeben. Wenn Sie an jemandem eine Eigenschaft oder einen Charakterzug entdecken, der Ihnen mißfällt, versuchen Sie herauszufinden, wie er sich in das Leben des Betreffenden einfügt. Stellen Sie fest, wozu ihm dieser spezielle Zug dient, was dadurch bewirkt wird. Läßt man das Urteilen einmal sein, wird man auch von der Energie anderer Leute nicht mehr beeinträchtigt.

Was ist Angst? Was ist der Schattenbereich? Angst macht sich häufig als Gefühl der Schwere, der Sorge oder Beunruhigung bemerkbar, bis man ihr gegenübertritt. Es gibt Momente, in denen Sie sich unbeschwert und fröhlich fühlen, während in anderen Augenblicken eher das Gegenteil der Fall ist. Bedrückende Momente sind oft ein Anzeichen für Angst. Je höher Sie emporsteigen, um so mehr Ängste können Sie auflösen.

***Will man Angst auflösen,
muß man ihr direkt begegnen,
denn alle Dinge, denen man die Stirn bietet,
lösen sich im Licht des Bewußtseins auf.***

Auf den niedrigeren Ebenen macht sich Angst als bedrükkende Empfindung, als Last oder Anspannung im Körper bemerkbar. Sie kann sich auch in Form von Gehetztheit ausdrücken, wo man versucht, sich hinter der Maske der Geschäftigkeit zu verbergen, und sich auf das Tun statt auf das Sein ausrichtet.

Empfinden Sie solche Schwere oder Düsterkeit, fordern Sie die Angst auf, sich in Ihrem Bewußtsein zu zeigen. Alle Dinge, denen Sie den Rücken zukehren, werden wachsen und sich noch verschlimmern. Wenn Sie bereit sind, sich der Angst zu stellen, wird Ihnen das Universum bei deren Auflösung und Heilung behilflich sein. Oft fürchtet man, allein zu sein und alles alleine bewältigen zu müssen. Vielleicht fühlen Sie eine Verantwortung schwer auf sich lasten, und doch gibt es im Universum unzählige Helfer und Heiler, die Sie unterstützen. Je heilender Sie in all Ihren Begegnungen wirken, um so mehr Heilung werden Sie selbst erfahren. Das Spenden und Empfangen von Heilung ist der Weg zu höheren Energien.

Angst läßt sich manchmal schon umwandeln, indem man Entspannung in den Körper hineinatmet. Man kann sie auch durch bestimmte Handlungen bewältigen. Wenn Sie an einem anderen Menschen negative Energien verspüren, ein Gefühl, das Ihnen Unbehagen bereitet, laufen Sie nicht weg, um sich zu «verstecken». Nehmen Sie zuerst Ihr Urteil zurück, und bitten Sie das Universum dann um einen Hinweis, wie Sie handeln sollen (wenn überhaupt etwas zu tun ist). Das Universum wird Ihnen immer Hilfe zukommen lassen, wenn Sie darum bitten. Das kann auf gedanklichem Wege über Einsichten oder Erkenntnisse erfolgen, vielleicht sehen oder lesen Sie etwas Bestimmtes, oder Sie hören etwas, das Ihnen weiterhilft. Wenn Sie irgendeine Form von Negativität bei jemand anderem entdecken, können Sie einer Beeinträchtigung durch sie entgehen, indem Sie um eine Gelegenheit bitten, zu helfen und ihn zu heilen. Sie werden feststellen, daß auch der andere einen Weg suchen wird, das Gleiche für Sie zu tun. Wenn er für Ihre Liebe und Heilkraft noch nicht bereit ist, wird er aus Ihrem Leben scheiden oder es werden sich weniger Gelegenheiten ergeben, mit diesem Menschen zusammenzutreffen.

Warum fürchtet man sich, negative Energie in seinen Mitmenschen zu spüren? Ist es die Angst, verletzt zu werden? Glauben Sie, daß man Sie herunterziehen und erniedrigen könnte? Sobald Ihnen Ihre Angst vor negativer Energie wirklich bewußt ist und Sie wissen, warum Sie eine Schädigung befürchten, haben Sie eine Basis, von der Sie ausgehen können. Nur durch das Erkennen und die Auseinandersetzung mit der Angst läßt sie sich in eine unschädliche Energie umwandeln. Auch hier gilt wieder, daß positive Heilkraft stärker ist als negative Energie.

Angst kann in all jenen Bereichen auftreten, in denen sich Ihre gegenwärtige Realität (wer Sie sind) und das Bild, das Sie gerne erfüllen würden, noch nicht miteinander decken. Warum fürchten Sie das, was Sie *nicht* sind? Haben Sie das Gefühl, daß Sie sich selbst im Stich gelassen haben? Sind Sie enttäuscht von sich?

Lieben und akzeptieren Sie die Person, die Sie jetzt sind, nicht die, die Sie sein werden oder sein sollten.

Wenn Sie sich um Ihretwillen lieben, leben Sie in der Gegenwart. Hier liegt der Schlüssel zu persönlicher Kraft: Wenn Sie nur die/den lieben, die/der Sie sein werden, befinden Sie sich nicht in Ihrem Körper und leben in einer Zukunft, auf die Sie keinen Einfluß haben (bis sie zur Gegenwart wird, und dann erst können Sie handeln). Schauen Sie sich an, wer Sie sind, vergleichen Sie das Bild mit dem, der Sie sein möchten, und dann fragen Sie sich, warum sich die Bilder noch nicht decken. Stellen Sie sich die Frage: «Entspricht diese Vorstellung eigentlich meinem Wesen, oder ist sie mir anerzogen worden?» Je eher Sie sich der Denkmuster, Erwartungen und Vorstellungen anderer (in Hinblick auf Ihre Person) entledigen können, um so mehr Kraft werden Sie entwickeln. Viele Ihrer Zukunftsbilder fordern die Erfüllung unrealistischer oder unangebrachter Maßstäbe, die von anderen gesetzt worden sind. Oft repräsentieren diese Ideale nur die Anschauungen anderer Menschen, die Sie sich aufzupfropfen versucht haben. Untersuchen Sie die Erwartungen, die Sie an sich selbst stellen, sehr genau, vor allem jene, deren Erfüllung nie gelingt. Es kann ein Hinweis darauf sein, daß Sie in gewissen Bereichen etwas anstreben, was nicht Ihren wahren Bedürfnissen entspricht. Der Schmerz, der aufgrund dieser Diskrepanz auftritt, die Bedrückung, die Angst und Düsterkeit existieren nur, weil Sie versuchen, sich in eine Energie zu «kleiden», die nicht die Ihre ist.

Erkennen, wer man ist, verlangt eine Zeit des Nachdenkens, eine Zeit der Stille. Etwas vom Wichtigsten, das Sie für sich tun können, ist Alleinsein. Ich meine damit nicht Zeiten, in denen Sie krampfhaft nachdenken, sondern Phasen inneren Friedens, in denen Sie an gar nichts denken. Ruhe des Geistes und des Gemüts schaffen Raum, damit neue Ideen in Ihre Realität einfließen und geboren werden können. Inspiration entsteht aus der Stille. Möglicherweise dauert es eine Woche oder noch länger, bevor eine neue Idee greifbar wird. Aber übersehen Sie durch die Verzögerung nicht den Zusammenhang zwischen den Ruhepausen und der darauffolgenden Kreativität.

Allein sein, sich entspannt hinsetzen und sich gestatten, Körper, Gefühle und Gedanken ruhen zu lassen, wird Ihnen ein immer klareres Bild von sich verschaffen. In diesen Ruhephasen brauchen Sie keine Rolle oder Identität zu verkörpern, und Ihre Seele kann deutlicher zu Ihnen sprechen. Sie spüren Ihre eigene Energie am besten, wenn Sie sich nicht in Gesellschaft anderer befinden. Manche von Ihnen sind ständig von Menschen umgeben, und wenn sie dann einmal alleine sind, suchen sie sich tausenderlei Dinge, nur um zu verhindern, daß sie nachdenken, reflektieren und ruhig werden. Man hat Ihnen beigebracht, daß Tüchtigkeit und das Schaffen von Dingen, die man sehen, anfassen oder hören kann, wertvoller sei als eine Zeit der Stille. Solche Ruhepausen sind jedoch eine Quelle energetischer Neubelebung. Aus ihnen erwächst uns klare Sicht, wo Ideen und Inspiration gedeihen können. Lernen Sie, diese Phasen zu schätzen, in denen Sie sich ruhig hinsetzen oder -legen können. Üben Sie einfach, an nichts zu denken, denn die Stille eröffnet Ihnen die Welt der Energien und der Intuition. Außerdem ist sie die höchste und effektivste Form der Selbstheilung, die man finden kann.

Wer bin ich?

Übungsbogen

1) Denken Sie an eine bevorstehende Begegnung mit einem Freund oder einem geliebten Menschen.

2) Was ist das höhere Ziel dieser Begegnung? Es könnte darin bestehen, einander zu ermutigen, zu unterstützen oder bei einer Entscheidung behilflich zu sein. Selbst wenn es nur ein gesellschaftlicher Anlaß ist, versuchen Sie, das höhere Ziel hinter diesem Zusammentreffen zu entdecken.

3) Wie könnten Sie der anderen Person helfen, eine höhere Vision von sich selbst zu schaffen? Wie könnte Sie der andere auf gleiche Weise unterstützen? Beschließen Sie, sich bei dem kommenden Zusammentreffen auf das höhere Ziel dieser Begegnung zu konzentrieren.

VI
Das Unbewußte zu Bewußtsein bringen

Sie tragen alle notwendigen Anlagen in sich, um das zu werden, was Sie sein möchten. Sowie Sie Energie fühlen gelernt haben, können Sie die Kräfte, die Sie erleben, auch weiterentwickeln. Sind Ihnen die Energien Ihrer Umgebung einmal bewußt, können Sie erkennen, wann Sie ein energetisches Hoch haben und diese Energie dann noch steigern. Das ermöglicht Ihnen, Ihre inneren Bilder weiterzuentwikkeln und Ihre Absicht genau auszurichten, so daß Sie eine höhere Stufe der Klarheit und des Wachstums erreichen.

Wenn Sie vom Universum etwas erbitten, ist es wichtig, das *Wie* offenzulassen, denn es antwortet immer auf die schnellstmögliche und wirksamste Weise. Vielleicht müssen Sie vorher eine bestimmte Geisteshaltung oder ein Bild aufgeben, also wird eine Situation herbeigeführt werden, die deren Auflösung ermöglicht. Wenn Sie bereit sind, höher zu steigen, ist es Zeit, alle Vorstellungen davon aufzugeben, *wie* man dorthin gelangt.

Sie können Ihre Entwicklung beschleunigen, indem Sie Ihr Unbewußtes ins Bewußtsein heben. Das bewußte Gemüt stellt jenes Licht dar, in dem das Unbewußte erwachen kann.

Es sind keinesfalls verborgene Triebe oder unergründliche Denkmuster, die Ihr Leben bestimmen. Sie besitzen die Fähigkeit, nach innen zu gehen und die Antwort zu finden.

Wollen Sie sich das Unbewußte ins Bewußtsein rufen, konzentrieren Sie sich darauf, in welchem Licht eine Situation jeweils erscheint. Antworten werden dann von allein auftauchen, ohne daß Sie nachdenken oder analysieren müssen. Wenn Sie eine Antwort möchten, stellen Sie sich vor, die Situation als Bild in Händen zu halten. Visualisieren Sie, wie sich dieses Bild mit Licht füllt, und überlassen Sie es dann Ihrem Höheren Selbst oder einem höheren Wesen im Universum.

Sie sind weder verborgenen Trieben noch unergründlichen Denkmustern ausgeliefert. Sie besitzen die Fähigkeit zur Innenschau, um Antwort zu erhalten.

Wenn Sie nach einer Antwort suchen, brauchen Sie nur darum zu bitten und dann hinzuhorchen. Manches hindert Sie jedoch am Hören. Eines davon ist Ihre Vorstellung von der Realität und ihrer Funktionsweise. Ein weiterer Störfaktor ist der ununterbrochene innere Dialog, der Verstand, der fortwährend Gedanken nachjagt, während Sie Ruhe und eine andere Form des Denkens benötigen.

Dieser Vorgang der Bewußtwerdung ist die Herausforderung, die sich Ihnen in jeder Situation stellt. Wenn Sie das Gefühl haben, etwas für Sie Unverständliches sei geschehen, verbringen Sie meist schon viel Zeit in der Absicht, die Sache zu lösen, zu analysieren und zu begreifen. Sie senden dadurch einen Energie-Leitstrahl ins Universum aus, und unmittelbar darauf folgen die Antworten. Wenn Sie aber eine bestimmte Antwort erwarten oder eine bestimmte Form, in der sie sich zeigen soll, kann ein neuer, erweiternder Gedanke nur schwer den Weg zu Ihnen finden. Nehmen Sie sich eine beliebige Frage vor, auf die Sie eine Antwort wünschen, und denken Sie eine Woche nicht mehr daran. Sobald Sie eine Frage gestellt haben, ist es wichtig, sie loszulassen. Selbst wenn Sie auch nur einen Tag lang nicht an eine bestimmte Sache dächten, würden Sie die gesamte Situation in einem völlig anderen Licht sehen.

Eine weitere Möglichkeit der Bewußtwerdung besteht darin, ruhig für sich allein zu sitzen und an der Bilderwelt zu arbeiten. Wenn Sie eine Sache immer wieder von der einen und dann von der anderen Seite her angehen, ist keine der beiden Möglichkeiten die richtige. Hätten Sie die entsprechende Lösung, gäbe es kein Hin und Her. Sie können aber zur Lösung beitragen, indem Sie sich selbst sehen, wie Sie die Antwort finden. Wenn Sie nicht verstehen, warum Ihnen bestimmte Dinge widerfahren, stellen Sie sich bildlich vor, wie Sie schnell und leicht verstehen. Sie können auch in Ihrer Erinnerung auf all jene Ereignisse zurückgreifen, die Ihnen auf Anhieb verständlich waren.

Was immer Ihnen im Leben geschehen mag, es entspringt einem Bild, das Sie von sich selbst haben. Die Bilder, die Sie aussenden, ziehen entsprechende Situationen an. Und diese Bilder sind Ihrem Wachbewußtsein durchaus zugänglich. Sie können jede beliebige Situation verändern, indem Sie Ihre Sichtweise dieser Situation nochmals betrachten und sie umformen.

Wenn Sie sich nur ein paar Minuten mit ruhiger Musik im Hintergrund hinsetzten und an nichts anderes dächten als an die momentane Situation, würde sich zeigen, daß Sie sie rasch durchgehen und dann loslassen könnten, ohne immer wieder daran denken zu müssen. Will man auf eine höhere Bewußtseinsebene gelangen, gilt es, bestimmte Eigenschaften zu entwickeln. Eine davon ist Einzieligkeit. Ist Ihr Verstand ständig mit zehn oder fünfzehn Dingen gleichzeitig beschäftigt, braucht es vielleicht Wochen, sie alle durchzugehen. Wenn Sie zuviel auf einmal im Kopf haben, sich zerstreut, überarbeitet und unter Druck fühlen und zuwenig Zeit haben, heißt das, daß Ihr Geist zu viele Dinge gleichzeitig zu bewältigen versucht. Hinter jedem noch so unbedeutenden Ereignis, hinter jedem Menschen, dem Sie begegnen, verbirgt sich eine höhere Sinngebung.

Sobald Sie bereit sind, in die höheren Energieebenen vorzudringen, können Sie das auf sehr einfache Weise tun – verbringen Sie mehr Zeit in diesen Bereichen. Ist Ihr Energieniveau abgesunken, läßt sich feststellen, wie es dazu gekommen ist. Ich werde hier die häufigsten Ursachen aufzählen: über banale oder negative Dinge zu sprechen; Zeitungen und Illustrierten zu lesen, die – ohne ein höheres Ziel zu verfolgen – von Krieg und Leid berichten; die Mißachtung körperlicher Rhythmen (sich nicht auszuruhen, wenn man müde ist, oder inaktiv zu sein, obwohl Energie vorhanden wäre); Gedanken über schmerzliche Erfahrungen in der Vergangenheit und Angst vor der Zukunft.

Ihre Energie steigert sich, sobald Sie das tun, wozu Sie wirklich Lust haben. Wenn Sie sich vornehmen, etwas zu erledigen, obwohl Sie eigentlich etwas anderes lieber täten, würde eben letzteres Ihre Energien wieder stärken. Vielleicht stellen Sie fest, daß sich das Ziel, das Sie sich gesteckt haben, verändert hat. Unter Umständen ist auch eine Pause genau das Richtige, um Ihre Begeisterung wiederherzustellen.

Wenn Sie sich auf die guten Seiten anderer Menschen konzentrieren, helfen Sie ihnen bei deren Verwirklichung.

Es gibt viele Möglichkeiten, seine Energien wieder aufzufrischen. Beobachten Sie z. B., wie Sie mit anderen sprechen. Fördern Sie sie? Haben Sie eine positive Meinung von ihnen? Genau das, worauf Sie Ihre Aufmerksamkeit richten, wird wachsen. Konzentrieren Sie sich auf die Schwächen des anderen und betonen damit gedanklich, was Ihnen an ihm mißfällt, wird sich genau diese Eigenschaft noch verstärken. Falls irgend etwas in Ihrem Leben nicht wunschgemäß verläuft, werden Sie die Sache noch verschlimmern, wenn Sie sie auf diese Weise betrachten.

Wenn sich zwei Menschen verlieben, sehen sie nur das Gute im anderen und bewahren dieses Bild von ihm. Plötzlich sind sie imstande, Neues zu erreichen und alte, negative Muster aufzugeben. Sie können anderen Menschen sehr helfen, indem Sie ein positives Bild von ihnen aufrechterhalten, sei es nun, daß es sich um Erfolg, Freude oder Wohlstand handelt.

Achten Sie auf das Bild, das Sie im Gespräch mit anderen von sich selbst vermitteln.

Sprechen Sie über Themen wie Wohlstand, Freude und Fülle, oder drehen sich Ihre Gespräche um Schmerz und Leid und Probleme? Die Leute machen sich ein Bild von Ihnen, während Sie sich unterhalten. Vielleicht halten Sie es für eine Lüge, jedem zu erzählen, welch ein Leben im Überfluß Sie führen, obwohl es eigentlich nicht zutrifft. Und doch sage ich Ihnen – wenn Sie so vorgehen, wird das bald der Wahrheit entsprechen! Achten Sie den ganzen Tag auf Ihre Worte und Ihren Energiefluß. Im Moment, in dem Ihre Kraft auf irgendeine Weise merklich abnimmt, sich Zweifel einschleichen oder Unzufriedenheit mit sich selbst auftaucht, halten Sie inne. Holen Sie tief Atem und suchen Sie in Ihrem Inneren nach einem höheren Bild. Sie senden von Minute zu Minute Bilder aus, und die anderen empfangen sie und reagieren darauf.

Wenn Sie wissen wollen, warum Ihnen etwas Bestimmtes widerfahren ist, *glauben* Sie einfach, es zu wissen. Es ist wichtig, sich selbst vergeben zu lernen, denn mit jeder negativen Erinnerung, die hochkommt, mit jeder negativen Selbstkritik bewirken Sie eine gleichartige Erfahrung in der Zukunft. In Krisenzeiten wird oft ein neues Selbst geboren, ein junges Selbst, das im Augenblick der Krise ins Sein getreten ist. Ähnlich einem Kind hat es vielleicht noch nicht die Fähigkeit, alle Dinge auf perfekte, glanzvolle Weise zu bewältigen, und doch wächst dieses Selbst in jedem Augenblick weiter. Es ist nicht gerade ein Geschenk für dieses neue Wesen, wenn Sie zurückblicken und ihm das Bild seiner Unzulänglichkeit vermitteln.

Man tut nichts, was nicht auch auf irgendeine Weise den Versuch darstellt, mehr Licht ins Leben zu bringen.

Sie können sich an jede beliebige Krise zurückerinnern und feststellen, daß damals ein neues Selbst, ein neuer Teil von Ihnen geboren worden ist. Und dieses neue Selbst ist stärker und klarer und ist um Ihr Leben, Ihre Wahrheit und Ihr Wachstum bestrebt.

Vielleicht inszenieren Sie gerade jetzt wieder eine Krise, eine Herausforderung oder ein Dilemma, um sich auf die Geburt eines neuen Selbst vorzubereiten. Sie streben immer auf das Licht zu. Vielleicht sind Sie zu der Ansicht gekommen, daß Sie nicht Ihr Bestes getan haben. Dann ist es wichtig zurückzugehen und Ihre Vision zu ändern. Lassen Sie die Situation los, vergeben Sie sich und stellen Sie fest, was Sie gelernt haben. Finden Sie heraus, welche Eigenschaften Sie aufgrund dieser Lage entwickelt oder nicht entwickelt haben. Vielleicht gelangen Sie dadurch zu einer tieferen Wahrheit, oder, indem Sie etwas Unangenehmes erleben, machen Sie sich klar, was Sie eigentlich möchten. Möglicherweise lernen Sie, Ihr eigenes Licht zu sehen und entwickeln mehr Kraft, Selbstbewußtsein und Zielgerichtetheit. Sie arbeiten bereits an all den Eigenschaften, die Sie noch nicht zu besitzen meinen. Worum Sie jetzt bitten mögen, Sie werden es erhalten – wenn vielleicht auch auf andere Weise, als Sie erwarten.

Beobachten Sie die Energie Ihres jeweiligen Gesprächspartners. Achten Sie auf die Worte, und sobald Ihre Energie merklich absinkt, seien Sie besonders wachsam. Um welches Thema dreht sich das Gespräch? Sie werden feststellen, daß es Themen gibt, die Ihre Energie anheben, während andere eher schwächend wirken. Sie können das Gespräch in eine Richtung lenken, die das Niveau des Austausches anhebt. Welche Gedanken tragen Sie mit sich herum? Der Gedanke, mit dem Sie bei Eintritt des Todes gerade beschäftigt sind, bestimmt, wohin Ihr Weg danach führt. Wo sind Sie tagsüber mit Ihren Gedanken? Wie oft denken Sie an Ihre höchste Vision, an Ihr Höheres Selbst?

Wollen Sie das Unterbewußte dem Höheren Selbst anvertrauen, betrachten Sie jeden Lebensbereich mit der Frage: Was ist meine höchste Vision?

Vielleicht glauben Sie, Sie seien zu sehr mit den weltlichen Dingen des Alltags beschäftigt. Und doch ließen sich gerade diese Angelegenheiten mühelos erledigen, wenn Sie auf Ihre höchste Vision ausgerichtet wären.

Überlegen Sie einmal, wieviel Fülle Sie sich eigentlich gestatten und was Ihnen das Universum schenken darf. Können Sie Ihre Empfangsbereitschaft irgendwie vergrößern? Es ist wichtig, Ihre wahre Motivation herauszufinden. Wenn Sie Geld möchten – wozu? Was erwarten Sie sich von dem Geld, das Sie jetzt noch nicht besitzen? Welche Motive stehen hinter Ihren Wünschen? Wäre Ihnen Ihre Motivation bekannt, wüßten Sie auch, was die treibende Kraft hinter all Ihren Handlungen ist. Sie ist die Antriebskraft, mit der Sie alles erreichen können, was Sie sich wünschen. Vielleicht sagen Sie sich: «Wenn ich dieses Auto, diesen Job, diesen Mann hätte, wäre ich glücklich.» Dahinter steckt jedoch mehr, als man auf den ersten Blick sehen kann. Wüßten Sie um die Motive Bescheid, die diesen Wünschen zugrunde liegen, könnten Ihre Bedürfnisse auf verschiedenstem Wege befriedigt werden. Es könnte sein, daß Sie sich mehr Sicherheit oder Lebensfreude wünschen, sich unbelastet oder geliebt fühlen möchten oder mehr empfangen wollen. Sobald Sie die Essenz hinter Ihren Bedürfnissen erkannt haben, gibt es viele Erfüllungsmöglichkeiten. Wenn Sie sich nicht auf eine bestimmte Sache fixieren, die das Universum herbeiführen soll, kann Ihnen auf unzählige Arten die Fülle des Lebens zuteil werden.

Geht es z. B. um die Lösung eines bestimmten Problems,

haben Sie zwei Möglichkeiten: Sie können Ihr Höheres Selbst bitten, Ihnen eine andere Sicht zu vermitteln oder Sie übertragen die Angelegenheit Ihrem Höheren Selbst mit der Bitte, sie zu erledigen. Die beste Lösung ergibt sich immer aus dem Höheren Selbst.

Es ist unerläßlich, daß Sie ein höheres Bild von sich selbst schaffen. Bitten Sie auch Ihre Freunde, ein spezifisches Bild von Ihnen aufrechtzuerhalten, sich z. B. vorzustellen, wie Sie in einer bestimmten Sache erfolgreich sein werden. Wenn Sie kein neues Bild schaffen, ist der Verstand versucht, wieder in alte Denkmuster zu verfallen. Wären Sie von dem Gedanken an die Dinge erfüllt, die Ihnen wirklich Freude machen, z. B. Reisen, mehr Freizeit, eine Liebesbeziehung, ein physischer Körper, der mit jedem Tag stärker und gesünder wird, hätten Sie gar keine Zeit, sich an die alten, eher schmerzlichen oder banalen Angelegenheiten zu erinnern.

Durch die Weiterentwicklung Ihrer Bilder entwickeln Sie ebenfalls Ihr energetisches Wahrnehmungsvermögen. So können Sie die Energien kontrollieren, mit denen Sie in Kontakt kommen. Bemerken Sie z. B., daß man auf eine Weise über Sie redet, die nicht Ihrer höheren Vision entspricht oder daß man nicht besonders gut von Ihnen denkt, dann öffnen Sie sich derartigen Bildern nicht, sondern senden Sie Ihre eigenen aus. Wollen Sie für stark und überlegen gehalten werden, müssen Sie anderen das entsprechende Bild vermitteln. Denken Sie aber nur an Ihre Fehler, wird dieses Bild weiterverbreitet, und die anderen werden noch zusätzliche Schwächen an Ihnen entdecken.

Betrachten Sie jeden Menschen als Wesen, das Fortschritte macht und weiterwächst. Dann werden Sie sich selbst so sehen können.

Fangen Sie an, positive Bilder auszusenden. Sehen Sie andere in Ihrer Vorstellung, wie sie z. B. ihr Ziel erreichen und erfolgreich sind. Sie dürfen die Verantwortung übernehmen, ein höheres Bild von sich und von anderen auszustrahlen. Sehen Sie das Juwel, das in allen Menschen verborgen liegt. Zollen Sie ihnen bei jeder Begegnung Anerkennung, sprechen Sie von ihrem Fortschritt, ihrem Wachstum und ihrer Schönheit. Will Ihnen jemand eine negative Geschichte aus seinem Leben erzählen, dann bemitleiden Sie ihn nicht, sondern entwickeln Sie Mitgefühl und verhelfen Sie ihm zu einer Sichtweise, die ihn das Geschenk hinter dieser Situation erkennen läßt. Sobald Sie jemanden Negatives reden hören, senden Sie ihm ein positives Bild und wechseln Sie das Thema.

Halten Sie an der Vision Ihres höheren Zieles fest, dann werden auch die Gedanken und Bilder, die in Ihnen auftauchen, in diese Richtung führen. Nun fragen Sie sich wahrscheinlich, ob diese Bilder wahr oder ob es nur Ihre Erfindungen sind. Bei Bildern in bezug auf Ihren Weg überlegen Sie vielleicht, ob sie eine Anweisung zum Handeln darstellen oder nur ein Wunschgedanke oder gar eine falsche Information sind.

Wenn Sie um innere Führung bitten, vertrauen Sie den Botschaften, die Sie erhalten.

Manchmal ist es einfach ein Hinweis auf den nächsten Schritt. Es kann sogar etwas so Alltägliches sein wie einen Brief zu schreiben oder zum Postamt zu gehen. Manche von Ihnen möchten Ihren Weg schon auf Monate oder Jahre hinaus vorgezeichnet sehen, und doch wäre das nur eine *wahrscheinliche* Form, die Sie sogar einschränken könnte. Einige würden sich unter Umständen überwältigt fühlen und hätten Schwierigkeiten, einen ersten Schritt zu tun. Außerdem würde es Ihnen vielleicht nicht so große Freude bereiten, Ihre gesamte Zukunft schon im voraus zu kennen. Wenn Sie mehr möchten, als Sie im Moment haben, können Sie das durch Vertrauen erreichen. Sobald Sie sich für die Fülle entschieden haben, wird Ihnen mehr zukommen, als Sie sich je träumen ließen. Wenn Sie eine Vision für Ihren Lebensweg suchen und sie noch nicht gefunden haben, ist es vielleicht nur eine Frage der Zeit. Es kann sein, daß Sie gerade auf diese Vision vorbereitet werden. Alles läßt sich ins Licht des Bewußtseins bringen. Wenn Sie irgendwo eine Blockade verspüren, erbitten Sie eine Antwort als Hilfe. Jede beliebige Situation läßt sich durch ein Bild des Lichts weiterentwickeln, und jedes Problem kann dem Universum übertragen werden, damit es auf höchstmögliche Weise gelöst wird.

Manchmal besteht die größte Freude in der Gewißheit, daß man nicht allein ist, daß man Hilfe und Führung erhält, wenn man darum bittet. Sobald Sie bereit sind, sich dem Universum zu verbinden, sind all Ihre Wünsche erfüllbar. Sie sind nicht allein; die Ausrichtung auf Ihr höchstes Ziel wird Ihnen alle Türen öffnen. Das Universum wird Sie mit neuen Ideen unterstützen; andere Menschen werden ihre Hilfe anbieten und Ihnen mit Geld, Ratschlägen oder Liebe und Unterstützung zur Seite stehen. Stehen Sie für sich selbst ein, und zwar jetzt, in diesem Augenblick. Gehen Sie auf Ihr höchstes Ziel zu. Halten Sie die Vision Ihrer höchsten Sinngebung aufrecht und seien Sie auf Überraschungen gefaßt.

Sie haben alle eine Vorstellung davon, was es für Sie bedeuten würde, sich selber mehr zu lieben. Für manche geht es z. B. um einen besseren Arbeitsplatz oder die Lösung eines Problems. Wenn Sie sich mehr Selbstliebe wünschen, sollten Sie die entsprechenden Bilder weiter umformen. Alles, was Sie vor etwa zwei Jahren als Teil Ihrer Selbstliebe betrachteten, haben Sie wahrscheinlich jetzt erreicht. Als die Dinge schließlich eingetreten waren, fühlten Sie sich aber vermutlich nicht so erfüllt, wie Sie ursprünglich erwartet hatten. Überlegen Sie einmal, was Sie sich jetzt wünschen, und stellen Sie sich dann folgende Frage: «Was ist die *Essenz* dahinter?» Wenn Sie sich z. B. nach einer neuen Wohnung sehnen, welches Motiv liegt dem zugrunde? Was wollen Sie wirklich? Vielleicht ist es Ruhe und Frieden oder einfach ein wenig mehr Sonne. Sie können all das jetzt, sofort, auf verschiedenste Weise bekommen.

Bei jedem Gedanken an die Zukunft projizieren Sie Energie, selbst wenn Sie nur murmeln: «Ich erledige meine Angelegenheiten nie rechtzeitig», oder: «Ich weiß nicht, warum mir das passiert ist», oder: «Hätte ich das bloß nicht getan.» Jede Bemerkung lenkt Energien in die Vergangenheit, Gegenwart oder Zukunft. Wenn Sie sich auch nur ein Hundertstel all der Gedanken überlegten, die Sie in die Zukunft voraussenden, und sie weiter entwickelten, könnten Sie schon in einem Monat ein so angenehmes Leben führen, daß es all Ihre jetzigen Vorstellungen übersteigen würde. Jede Feststellung in bezug auf sich selbst – ob gegenüber einem Freund oder nur innerlich – wird wahr. Sie projizieren fortwährend Energien, in jedem Augenblick. Wenn Sie sich eine bessere Zukunft wünschen, sprechen Sie darüber, malen Sie sich alles aus und erzählen Sie anderen davon. Nur Sie können das Gewünschte bewirken. Es ist die größte Kraft, Ehre und Begabung, mit der Sie ausgestattet worden sind.

Das Unbewußte zu Bewußtsein bringen

Übungsbogen

1) Nehmen Sie sich eine Situation in Ihrem Leben vor, die Sie gerne verstehen möchten. Vielleicht wollen Sie herausfinden, wie es dazu gekommen ist oder was Sie daraus lernen sollen. Schreiben Sie diese Dinge hier auf.

2) Setzen Sie sich ruhig und entspannt hin und schließen Sie die Augen. Stellen Sie sich vor, diese Situation in Händen zu halten. Visualisieren Sie Licht, von dem sie durchströmt wird, und übergeben Sie die Sache dann Ihrem Höheren Selbst. Sehen Sie sich selbst, wie Sie die Antwort erhalten. Denken Sie fünf bis zehn Minuten an nichts anderes als an diese Angelegenheit.

3) Auf welche Weise wird diese Situation zu Ihrer persönlichen Kraft beitragen, wenn Sie sie bewältigt haben? Was können Sie aus ihr lernen? Welche seelischen Eigenschaften entwickeln Sie dadurch (z. B. Liebe, Geduld, Toleranz, Vertrauen)? Sobald Sie diese Situation verstanden haben, wird Ihnen eine rasche Lösung gelingen.

VII
Die Entwicklung der inneren Bilder Die Entdeckung des wahren Selbst

Die Bilder, die Sie von sich haben, tragen Sie in einer Art energetischer Matrix bei sich, die Ihren Körper umgibt. Was sind Bilder eigentlich? Es sind Vorstellungen von der Realität, die sich in Ihrem Geist befinden. Sie dienen als Maßstab, um zu beurteilen, ob Sie «gut» oder «schlecht» sind, um darüber zu entscheiden, wie Sie handeln und was Sie sagen werden und mit wem Sie Ihre Zeit verbringen wollen. Sie legen Ihre Grenzen und Einschränkungen fest und bestimmen, wie weit Sie gehen können. Das Leben ist eine Reise von der Dunkelheit ins Licht. Durch die Höherentwicklung Ihrer Bilder können Sie mehr Licht in Ihr Leben bringen.

Sie alle leben nach bestimmten Grundvorstellungen, z. B. halten Sie sich vielleicht für stark, fleißig, intelligent, großzügig, gütig, freundlich und humorvoll. Wie Sie Ihre Realität erschaffen und erleben, hängt von dem Bild ab, das Sie als Mann oder Frau von sich haben. Und diese spezifischen Bilder legen dann Ihre Grenzen fest. Wenn Sie sich als großzügig ansehen, werden Sie entweder immer großzügig sein müssen, oder Sie werden sich selbst verurteilen, wenn Sie einmal nicht so handeln

Wie Sie sich als Mann oder Frau definieren, beeinflußt Ihr Verhalten weitgehend.

Die kollektive Vorstellung von Weiblichkeit beinhaltet meist: dienen, sich um andere kümmern, die Verantwortung für Beziehungen tragen, freundlich sein und von allen gemocht werden, diejenige von Männlichkeit: selbstsicher und stark auftreten und Gefühle ignorieren.

Viele Anschauungen über die Realität entstammen einer religiösen Erziehung. Verweilen Sie einen Moment und blikken Sie nach innen. Kehren Sie in Ihre Kindheit zurück und fragen Sie sich, welche Vorstellungen von der Natur des Universums Sie noch bewahrt haben, die auf Ihre religiöse Erziehung zurückgehen. Möglicherweise glauben Sie an einen Gott, der Sie für Gutes belohnt und für Böses bestraft. Oder Sie haben Angst vor Ihrer eigenen dunklen Seite. Vielleicht glauben Sie auch, gar keine Religion zu besitzen. Doch jeder Mensch hat eine religiöse Ausrichtung, selbst wenn es nur der Glaube an seine eigene Intuition und sein kreatives Selbst ist. Religiöse und philosophische Anschauungen gehören zu den stärksten Bildern, die ein Mensch überhaupt haben kann. Sie bestimmen, wie seiner Ansicht nach das Universum beschaffen ist und wie er darauf reagiert. Erwarten Sie eine Belohnung für «gute» Taten? Glauben Sie, bestimmte Verhaltensweisen seien gut und andere böse? Derartige Gedanken gehen häufig auf Ihren religiösen Hintergrund zurück.

Ihre Eltern haben Ihnen viele ihrer eigenen Bilder übertragen. Und Sie haben Ihre Eltern aufgrund der Bilder ausgewählt, die Sie Ihnen vermitteln würden. Diese Bilder brauchten Sie, um die Teile ihres inneren und äußeren Selbst, an denen Sie in diesem Leben arbeiten wollen, ins Bewußtsein zu heben. Denken Sie einen Augenblick an Ihre Eltern. Wer sind sie? Überlegen Sie, welche Ansichten sie in bezug auf Geld oder Wohlstand hatten. Tauchen in diesem Zusammenhang positive oder negative Gefühle in Ihnen auf? Wie haben Ihre Eltern die Beziehung zueinander gesehen oder sehen sie immer noch? Nun gehen Sie von dem Elternteil aus, der gleichen Geschlechts ist wie Sie. Was hat er/sie für Ansichten davon, was es heißt, ein Mann/eine Frau zu sein? Teilen Sie diese Ansichten? Jetzt denken Sie an den andersgeschlechtlichen Elternteil. Welche Anschauungen vertritt er/sie? Leben Sie in Ihren Beziehungen nach einem dieser Denkmuster?

Stellen Sie sich vor, Sie befinden sich im Zentrum eines Kreises, umgeben von all den Menschen, die Ihnen nahestehen. Jeder Freund sieht Sie auf seine Art, hat also ein anderes Bild von Ihnen. Während Sie in diesem Kreis stehen, lassen Sie all die Bilder, die Sie von Ihren Freunden empfangen, in Ihr Bewußtsein treten. Geben Sie nun vor, jemandem gegenüberzustehen, mit dem Sie eng verbunden sind – Ihrem Mann/Ihrer Frau, einem Freund oder einem anderen geliebten Menschen. Wer ist diese Person? Welche Vorstellungen über Sie sendet er/sie aus? Welche Vorstellung haben Sie von ihr? Während Sie das überprüfen, blicken Sie in die Seele dieses Menschen und suchen nach einem Bild, das ihn/sie in seiner/ihrer Entwicklung fördert und das Sie ihm schikken können. Es ist möglich, den Fortschritt anderer zu unterstützen, indem man sich auf ihr Potential konzentriert. Wie möchen Sie von dieser Person gerne gesehen werden? Sehen Sie ihn/sie, wie er/sie diese Bilder aussendet.

Achten Sie auf die Bilder,
die Sie Ihren Mitmenschen vermitteln.
Fördern sie den anderen,
oder blockieren sie seinen Fortschritt?

Andere empfangen die Bilder, die Sie von ihnen haben, unweigerlich. Häufig können langfristige Beziehungen nicht überleben, weil die Partner nicht bereit sind, ihre Vorstellungen voneinander zu ändern. Unter Umständen bewahrt man ein Bild vom Partner, das ihn als unreif und verantwortungslos zeigt, obwohl er dieses Verhalten schon längst ablegen möchte. Durch diese Vorstellung erschwert man dem anderen, sich zu ändern. Sie alle wissen, wie Sie sich in Gegenwart Ihrer Eltern fühlen, die unter Umständen ein sehr altes Bild von Ihnen bewahrt haben. Manchmal begegnen Sie ihnen mit Ihrer neu entdeckten Stärke, erwachsen und gereift, um plötzlich festzustellen, daß Sie innerhalb von fünf Minuten wieder in ihre alte, unreife Rolle zurückfallen. Anstatt mit sich unzufrieden zu sein, können Sie die Gelegenheit nutzen, um die Bilder Ihrer Eltern in bezug auf Sie zu überprüfen. Dadurch erkennen Sie auch, wie Sie von den Ansichten anderer beeinträchtigt werden.

Sobald Ihnen die Vorstellung bewußt wird, die jemand anderer von Ihnen hat, senden Sie dem Betreffenden telepathisch ein höheres Bild. Sehr oft nehmen Sie diese Vorstellungen nämlich einfach an, und nicht genug damit, sie handeln auch noch danach. In diesem Fall leben Sie das «Drehbuch» eines anderen aus, anstatt ein eigenes zu verfassen, und «tanzen nach seiner Pfeife». Solange Sie so vorgehen, wird Ihnen die Gegenwart von Menschen schaden, die keine hohe Meinung von Ihnen haben. Sobald Sie aber gelernt haben, deren Bilder zu erkennen, können Sie die Veränderung bewirken, indem Sie ihnen ein neues Bild Ihrer selbst vermitteln. Dann können Sie sich mit diesen Leuten befassen (sofern Sie das wünschen), ohne durch ihre Vorstellungen beeinträchtigt zu werden.

Eine Möglichkeit, sich dem Griff eines erstarrten inneren Bildes zu entziehen, besteht darin, es in der Vorstellung zu übertreiben. Angenommen, Sie kritisieren sich, weil Sie sich in Gegenwart Ihrer Eltern wie ein Kind benehmen und in alte Verhaltensmuster zurückfallen. Anstatt Widerstand zu leisten, übertreiben Sie dieses Bild einmal in Ihrer Phantasie. Benehmen Sie sich richtiggehend kindisch. So können Sie die Bilder klarer sehen. Durch diese Übertreibung laufen Sie nicht mehr ängstlich vor dem Verhaltensmuster davon, und dadurch kann es Sie auch nicht mehr beherrschen. Außerdem tritt dann häufig der Humor zutage, der ebenfalls sehr befreiend wirken kann.

Es ist durchaus möglich, die gedanklichen Besessenheiten und quälenden Bilder, die Sie im Geist immer wieder durchgehen, zu verändern oder zu eliminieren. Manchmal handelt es sich um schmerzliche Ereignisse oder Erinnerungen aus der Vergangenheit, wo Sie einmal verletzt oder im Stich gelassen worden sind oder wo Ihnen viele Dinge mißglückt sind. Viele Menschen erleben einen konstanten Strom negativer Bilder. Vieles entsteht aus kulturell bedingten Vorstellungen – aus einem Geist des Mangels, der besagt, daß nicht genug für alle da sei, daß man hart arbeiten und kämpfen müsse, um das Gewünschte zu erreichen, oder daß der Erfolg eines anderen den eigenen schmälere. Zur Zeit vereinigen sich viele Menschen, um dieses Bild zu verändern. Die Pioniere des New Age, jene Menschen, die an spiritueller Transformation, höherem Bewußtsein und Liebe interessiert sind, arbeiten daran, neue, höher entwickelte und lichterfüllte Bilder an die Welt auszustrahlen, einschließlich des Gedankens der Fülle.

Bilder lassen sich leichter als Worte empfangen.

Als spiritueller Lehrer sende ich fortwährend Energie aus und übertrage mit Hilfe meiner Gedankenimpulse Bilder von

Liebe und Frieden. Wenn Sie möchten, daß sich jemand verändert, senden Sie ihm/ihr Bilder. Angenommen, jemand sollte produktiver arbeiten. Anstatt ihn zu kritisieren (ein negatives Bild, das nur das Verhalten stärkt, das geändert werden soll), stellen Sie sich diesen Menschen besonders arbeitsam vor. Statt auf mangelnde Erfolge hinzuweisen, zollen Sie jedem Anzeichen von Produktivität Lob. Mit diesem Bild können Sie ihm/ihr helfen. Ob sich der andere nun ändert oder nicht – das Verhältnis zwischen Ihnen wird auf jeden Fall angenehmer werden.

Zwanghafte, quälende Gedanken und Gefühle über eine Beziehung, wie Eifersucht oder Schmerz, haften Ihrer Gefühlsaura an, die im Vergleich zu Ihrem Intellekt noch sehr unentwickelt ist. Man hat Sie gelehrt, den Verstand und den Intellekt mehr zu schätzen als die Gefühle. Deshalb wird der Entwicklung des Verstandes auch mehr Beachtung geschenkt als dem Umgang mit Emotionen. Wie weit können Sie sich der Beherrschung durch Ihre Gefühle entziehen? Es ist äußerst wichtig, sich die Bilder bewußt zu machen, die in diesem Zusammenhang gespeichert sind. Wenn Sie sich dabei ertappen, wie Sie ein negatives Bild immer wieder wachrufen, ist das nur ein Hilferuf Ihrer Gefühlswelt, die Aufmerksamkeit, aber vor allem Liebe benötigt. Sind Sie z. B. außergewöhnlich eifersüchtig, so daß Sie Ihren Partner ständig in den Armen einer/eines anderen wähnen, gibt es einen Teil in Ihnen, der sich vom eigenen Höheren Selbst abgelehnt oder im Stich gelassen fühlt.

Ihre Seele integriert alle Teile von Ihnen und führt sie einem höheren Bewußtsein zu. Besessenheitsartige, schmerzliche Bilder sind ein Hilferuf jenes Teils, der sich am stärksten nach Unterstützung, Liebe und Vereinigung mit dem Höheren Selbst sehnt. Ertappen Sie diesen Teil beim Erzeugen negativer Bilder, dann wandeln Sie die Bilder in Symbole um. Wenn Sie z. B. jemand ablehnt, sehen Sie, daß er eine Energie in Ihrem Inneren symbolisiert. Stellen Sie sich vor, daß er jenen Teil von Ihnen repräsentiert, der sich dem Höheren Selbst verweigert, und umarmen und lieben Sie diesen Teil.

Jeder besitzt eine Seite, die weder licht, fröhlich noch dem Höheren zugewendet sein will. Stellen Sie sich vor, wie Sie diese Seite der Sonne aussetzen, wie Sie ihr frische Luft zu atmen geben. Visualisieren Sie Licht, das diesen düsteren Bereich erhellt. Innerhalb weniger Stunden wird sich Ihre Negativität vermindern. Jedesmal, wenn Sie verhindern, daß diese Seite die Kontrolle übernimmt, stärken Sie Ihren Willen und die Verbindung zum Höheren Selbst.

Ansichten wie: «Ich bin ein wohlwollender, spirituell orientierter und liebevoller Mensch» können Ihr Verhalten zwar positiv bestimmen, aber ebenso einengen. Wenn Sie sich aufgrund einer festen Vorstellung definieren, z. B. «Ich bin ein netter Mensch», werden Sie fortwährend alles, was Sie tun, als nett oder nicht nett beurteilen. Ist dieses «nett» besonders streng definiert, z. B. «Nette Leute sagen immer danke», und jemand, den Sie mögen, bedankt sich nicht bei Ihnen, werden Sie entweder Ihre Definition von «nett» verändern oder Ihren Freund als unhöflich einstufen müssen. Ein starres Bild wird Sie in der Polarität – richtig/falsch, gut/böse – gefangenhalten. Erweitern Sie Ihre Vorstellungen über sich und über andere. Untersuchen Sie Ihre Bilder, schlüsseln Sie sie auf, damit Sie flexibler und offener werden, anstatt zu erstarren und ständig zu urteilen. Solange Sie alle Ihre Handlungen damit vergleichen, wie sie eigentlich sein sollten, werden Sie sich ständig in Urteilen verfangen und Ihre weitere Entwicklung behindern.

Wollen Sie ein Bild loslassen, müssen Sie es zuerst bewußt erfaßt haben. Bedenken Sie, was für ein wertvolles Instrument Ihr Wachbewußtsein ist. Wenn Sie sich aus einer friedvollen Geisteshaltung heraus analysieren, gelangt bisher Unbewußtes zu Bewußtsein, und dadurch wird die Weiterentwicklung in Gang gesetzt. Immer, wenn Sie auf ein negatives oder einengendes Selbstbild stoßen, visualisieren Sie, wie es von Licht erfüllt wird. Sie brauchen nichts weiter zu tun. (Wollen Sie mehr Energie investieren, können Sie ein Symbol dafür suchen, damit experimentieren und es heilen.) Allein die Vorstellung, daß das Bild von Licht durchströmt wird, bewirkt eine Veränderung. Setzen Sie Ihr Vorstellungsvermögen bewußt ein.

Was wollen Sie? Möglicherweise verbringen Sie viel Zeit im Gedanken an Dinge, die Sie nicht wollen, und erfüllen Verstand und Geist mit Bildern von Verletzungen und Unrecht, die Ihnen zugefügt wurden. Jedesmal, wenn Sie diese Bilder vor Ihrem geistigen Auge vorüberziehen lassen, senden Sie sie eigentlich in die Zukunft aus und erschaffen sie von neuem. Sie erleben nur deshalb Negatives, um dadurch zu erkennen, daß Sie ein Bild in sich tragen, das nicht mit Ihrem höheren Wohl in Einklang steht. Danken Sie jedem Problem, jedem Ereignis, auf das Sie negativ reagieren, dafür, daß es Ihre Aufmerksamkeit auf einen Bereich lenkt, der Heilung und Licht benötigt.

Greifen Sie zu Ihrer Phantasie, um sich den höchsten Weg auszumalen, der Ihnen offensteht, und eine Vision für den Grund Ihres Hierseins zu schaffen.

Fragen Sie sich: «Wie kann ich meinem Leben die höchstmögliche spirituelle Sinngebung verleihen?» Was ist, abgesehen von materiellen Dingen, Ihr höchstes Ziel? Was ist das Wichtigste, das Sie tun möchten? Streben Sie Ihre seelische Weiterentwicklung an? Möchten Sie auf langsame, angenehme Weise Fortschritte machen? Möchten Sie, daß von Ihnen Liebe und Heilung ausgehen? Vergegenwärtigen Sie sich Ihre Vision jeden Tag. Gehen Sie in Ihrer Vorstellung so weit Sie nur können. Phantasieren Sie über ein vollkommenes Leben. Je höher Sie steigen, um so rascher lösen sich jene Bilder und Gedanken auf, die nicht mit Ihrem Wachstum in Einklang stehen. Blicken Sie nicht nur ein oder zwei Jahre voraus, sondern fragen Sie sich: «Was könnte in diesem Leben meine größte Leistung darstellen?» Sorgen Sie sich nicht um das Wie und Wo. Jedesmal, wenn Sie ein Bild oder eine Vision erschaffen, öffnen Sie die Pforte zu einer noch größeren Möglichkeit. Halten Sie dieses Bild vor Ihrem geistigen Auge und lassen Sie seine Energie in Ihren Körper einströmen. Machen Sie sich die lichten Aspekte all Ihrer Handlungen bewußt, und Sie werden in diesem Leben schneller Fortschritte machen.

Bedenken Sie, daß Ihnen Ihre Umgebung jedes Bild widerspiegeln wird, das in Ihrem Inneren vorhanden ist. Wenn Ihnen jemand etwas Negatives sagt, auf das Sie heftig reagieren, danken Sie dem anderen für die Spiegelung eines Bildes, das es zu verändern gilt.

Haben Sie Bilder von sich wie: «Ich bin kraftvoll, ich liebe und achte mich wirklich, ich verfüge über genügend Geld, Liebe etc.», werden Sie feststellen, daß man Ihnen auch solche Bilder reflektiert. Senden Sie bewußt höhere Vorstellungen aus. Bewahren Sie bei all Ihren Handlungen die Vision Ihres Höheren Selbst. Achten Sie auf das Höhere Selbst in jedem Menschen, dem Sie begegnen, und er wird es ebenso in Ihnen achten.

Die Entwicklung der inneren Bilder – die Entdeckung des wahren Selbst

Übungsbogen

1) Beschreiben Sie sich selbst, so ausführlich, wie Sie nur möchten. Beginnen Sie z. B.: «Ich bin ein spirituell ausgerichteter Mensch.»

2) Jetzt erweitern Sie diese Beschreibung und schaffen Sie ein noch höheres Bild von sich. Loben Sie sich (bleiben Sie aber ehrlich dabei!), z. B. «Ich bin ein fleißiger, liebevoller Mensch, der sich sehr um andere bemüht. Mein spirituelles Wachstum steht an erster Stelle. Ich übe, so oft ich kann, bedingungslose Liebe.» Lassen Sie diese Beschreibung so hochstehend und liebevoll wie möglich werden.

3) Notieren Sie hier, wie Sie sich beim Verfassen der zweiten Beschreibung gefühlt haben. Je höher der Standpunkt, von dem aus Sie sich betrachten, um so klarer sehen Sie, wer Sie wirklich sind.

VIII
Das Erkennen der inneren Wahrheit

Dieses Leben ist eine Reise in die Tiefen der innersten Wahrheit. Jede Situation in Ihrem Leben, die Schmerz oder Auseinandersetzungen verursacht, stellt einen Bereich dar, in dem Sie lernen, Ihrer Seele treu zu sein.

Sie spielen viele verschiedene Rollen und erfahren zu verschiedenen Zeitpunkten unterschiedliche Wahrheiten. Z. B. mögen Sie ein Gespräch, das Ihnen bevorsteht, vorher in allen Einzelheiten geprobt haben, aber wenn Sie dann der Person gegenüberstehen, sagen Sie vielleicht etwas völlig anderes. Also stellt sich die Frage: «Was ist Wahrheit?» Was in einem Augenblick wahr ist, kann im nächsten seine Gültigkeit verloren haben. Ist Wahrheit etwas Fließendes, oder gibt es eine tiefere Wahrheit, die den Augenblick überdauert? Sie alle sind auf der Persönlichkeitsebene selbst «fließende» Wesen und haben unterschiedliche Identitäten. Ihre Seele, der Kern Ihres Wesens, birgt jedoch die tiefere Wahrheit.

Mitgefühl ist die Fähigkeit, sich in die Haut des anderen zu versetzen.

Der Wahrheit begegnen heißt, aus dem Herzen zu handeln und eine enge Verbindung zur Seele herzustellen. Wahrheitsfindung bedeutet, jede Situation in klarem Licht zu sehen. Und was ist dieses Licht? Es kommt aus dem Herzen und stellt eine Ebene tiefsten Mitgefühls dar. Wenn Sie die Gabe des Mitgefühls entwickeln, wird Ihre innerste Wahrheit zur Ausgangsbasis für Ihr Handeln. Jeder kennt irgendeinen Menschen, der einem ständig wehtut, weil er einem ohne Achtung und Wertschätzung begegnet. Vielleicht möchten Sie etwas von ihm, bekommen es aber nicht, sei es auf geschäftlicher oder auf persönlicher Ebene. Wenn Sie von der tieferen Ebene des Mitgefühls ausgingen, könnten Sie die Situation jedoch jederzeit bewältigen.

Vielleicht sagen Sie sich: «Welchen Vorteil hat es, von dieser inneren Wahrheit auszugehen? Ich glaube, ich mache einfach so weiter wie bisher und erledige die Angelegenheit auf normalem Wege.» Der Vorteil besteht in der Freude, dem Frieden und der Gelassenheit, die viele von Ihnen so ersehnen. Auch über den Gefühlsbereich hat man Zugang zur Wahrheit. Wie oft hatten Sie schon das Gefühl, Sie sollten jemanden anrufen, um dann festzustellen, daß er gerade an Sie gedacht hat? Es war also der ideale Augenblick. Wie viele Male haben Sie gespürt, daß es nicht der richtige Zeitpunkt für einen Anruf war, aber Sie haben das Gefühl ignoriert und trotzdem angerufen? Und dann verlief das Gespräch nicht nach Ihren Erwartungen, oder der Betreffende war gar nicht zu Hause. Jeder besitzt die Fähigkeit, die innere Wahrheit zu spüren. Wie kommt man zu dieser inneren Wahrheit? Wie gelingt es einem, aus all den Bildern und Rollen herauszutreten, in denen man gewöhnlich lebt?

Sie müssen nicht unbedingt kämpfen und leiden, um wachsen zu können.

Die Pforte zur inneren Wahrheit ist Wachsamkeit, d. h. man achtet auf seine Vision der Wahrheit und bewahrt sie standhaft. Je integrer Ihre Handlungsweise, um so schneller werden Sie wachsen.

Jede Situation im Leben, die Ihre Wahrheit «herausfordert» und Sie dazu bringt, in eine tiefere Schicht Ihres Wesens vorzudringen, ist eine Gelegenheit zu lernen. Je intensiver der Schmerz und die Auseinandersetzung, um so mehr geläuterte Energie haben Sie zur Verfügung, nachdem Sie einmal in diese Tiefe vorgedrungen sind. Seien Sie für die Schwierigkeiten, die so schmerzlich erscheinen, dankbar. Es sind Gelegenheiten, um zu einer tieferen Wahrheit vorzudringen. Diese Wahrheit ist keine Wahrheit, die isoliert oder Zorn, Rache und Rechtfertigung mit sich bringt, die andere ins Unrecht und Sie selbst ins Recht setzt (oder umgekehrt), sondern es ist eine Wahrheit, die Ihnen die Verbindung zu einer tieferen Schicht ermöglicht. Möchten Sie Ihre Energie auf eine höhere Stufe heben, gehen Sie nach innen und fragen Sie sich, ob Sie sich die Wahrheit über Ihre Gefühle und Gedanken vorenthalten. Wenn Sie sich diese Wahrheitsfindung nicht gestatten, werden immer wieder eine ähnliche Person oder ähnliche Ereignisse in Ihrem Leben auftauchen, bis Sie den Kontakt zur innersten Erkenntnis hergestellt haben.

Vielleicht haben Sie sich z. B. von Ihrem Partner immer Unterstützung und Zuwendung gewünscht. Sie gehen aber Beziehungen ein, die diese tieferen Bedürfnisse nicht befriedigen, und dann sagen Sie sich, Sie sollten solche Wünsche nicht haben und eigentlich würden Sie auch keine Zuwendung brauchen. In Wirklichkeit brauchen Sie das sehr wohl, und Sie werden so lange schmerzliche Erfahrungen machen, bis Sie diese Tatsache anerkennen und entsprechend handeln.

Jedesmal, wenn Sie von der Basis der Wahrheit und Integrität ausgehen, verfeinern Sie Ihre Energie. Ihre Aura ähnelt einer Art Nebel. Sobald Sie wahrheitsgetreu sprechen und handeln, wird Ihr Energiefeld feiner und heller, bis das Sonnenlicht hindurchströmen und in den Körper eindringen kann. Jedes Drama in Ihrem äußeren Leben ist die Spiegelung eines inneren Dramas. Und jede Person, mit der Sie äußerlich in Interaktion treten, symbolisiert energetische Zusammenhänge in Ihrem Inneren. Denken Sie an einen Menschen in Ihrem Leben, mit dem Sie sich auseinandersetzen müssen. Stellen Sie sich vor, wie Sie sich durch seine/ihre Augen betrachten. Versetzen Sie sich in seine/ihre Lage. Gehen Sie in Ihr Herz und sehen Sie, wie Sie diesem Menschen aus tiefstem Mitgefühl heraus begegnen. Sehen Sie, wie freudig diese Person reagiert, sobald die Energie zwischen Ihnen mühelos fließt. Wenn Sie auf jemanden wütend gewesen sind und ihm gegrollt haben, und dann die innere Wahrheit als Ausgangsbasis wählen, zeigt sich vielleicht, daß Sie ihm/ihr überlegen sein wollten oder daß Sie diesen Menschen wirklich lieben, auch wenn er Sie enttäuscht hat. Aufgrund dieser Erkenntnis können Sie Ihre Verletztheit wieder loslassen und dem anderen liebevoll begegnen.

Jeder Mensch und jedes Ereignis bieten Ihnen eine Gelegenheit zur Bereinigung Ihrer Energien, zur Entwicklung Ihres Selbst und zum Fortschreiten auf die nächsthöhere Stufe. Die größte Belohnung besteht darin, sich mit einer Sache nicht mehr auseinandersetzen zu müssen, sobald man sie bereinigt hat. Ein anderer kann Ihnen nicht mehr weh tun, wenn Sie sich nicht selbst verletzen. Niemand kann Sie betrügen, mißachten oder ablehnen, wenn Sie nicht selbst auf diese Weise mit sich umgehen.

Sie besitzen die größte aller Gaben – die Kraft, sich selbst zu heilen.

Sobald Sie geheilt sind, löst sich auch alles in Ihrer Umgebung auf, was Ihren inneren Kampf repräsentiert hat. Selbstheilung geschieht, wenn man aus einem tiefen Mitgefühl heraus die Wahrheit sagt. Angenommen Sie glauben, jemand achte Ihre Gefühle nicht. Wenn Sie sich dann die Wahrheit dahinter ansehen, müssen Sie sich vielleicht sagen: «Sie ist eben einfach nur sie selbst und macht sich die Gefühle anderer Menschen im allgemeinen nicht bewußt. Es betrifft nicht nur mich allein», oder: «Sie leidet selbst und bemerkt nicht, daß sie mir weh tut.» Wenn Sie dann noch tiefer gehen, zeigt sich, daß Sie diese Art der Behandlung zugelassen haben, daß Sie selbst Ihre Gefühle auch nicht achten und schon oft vorhatten, sich zur Wehr zu setzen. Sie können noch tiefer hinsehen, bis Sie spüren, daß Sie vom Schmerz befreit sind und die/den andere/n wirklich annehmen.

Schauen Sie sich doch einmal die unterschiedlichen Teilpersönlichkeiten in Ihnen genauer an. Eine ist sehr stark, eine andere beobachtet alle Vorgänge völlig losgelöst, die nächste ist jung und gefühlsselig und wieder eine andere sehr weise. Wenn es in Ihrer Umgebung ein Drama gibt, dann können Sie sicher sein, daß dies eine Spiegelung der Vorgänge in Ihrem Inneren ist.

Eine Frau fühlte sich z. B. betrogen, weil ihre Freundin ein ihr anvertrautes Geheimnis weitererzählt hatte. Bei genauerem Hinsehen stellte sich heraus, daß sie ihr wahres Selbst vielfach verraten hatte und das äußere Drama nur zeigen sollte, was sie sich selbst angetan hatte.

Aus Mitgefühl zu handeln bedeutet, der Wahrheit treu zu bleiben. Wie oft gehen Sie im Geist die Worte durch, die Sie jemandem sagen wollen – als Rechtfertigung oder als Ausdruck des Ego, um zu zeigen, wie großartig Sie sind oder wie recht Sie doch haben? Jedesmal, wenn Sie sich bei einer solchen «Generalprobe» ertappen (was bei allen von Ihnen immer wieder vorkommt), fragen Sie sich: «Kann ich von einer *tieferen* Wahrheit ausgehen?» Es wird sich immer eine Möglichkeit finden, liebevoller, mitfühlender und verständnisvoller vorzugehen.

Die innere Wahrheit entdeckt man durch Innenschau. Das bedeutet, daß man nicht anderen Leuten die Schuld zuschiebt, nicht die Opferrolle spielt und sich nicht bemitleidet. Bei genauerer Betrachtung zeigt sich, daß man jede Situation geschaffen hat, um daraus zu lernen. Bei jedem Ereignis, bei dem Sie sich als Opfer gefühlt haben, wußten Sie im Grunde, worum es ging, ignorierten aber die Chance zur Veränderung. Wenn Sie sich eingehender mit den Dingen befassen wollen, die Ihnen wirklich Probleme bereiten, möchte ich Sie auf eines hinweisen: Nichts, worüber Sie sich ärgern, wird tatsächlich von dem ausgelöst, was Sie für die Ursache des Problems halten. Nehmen wir an, Sie sind über einen Freund verärgert, weil er Sie einer Sache beschuldigt, die Sie gar nicht getan haben. Bei genauerem Hinsehen stellt sich heraus, daß das die Wiederholung einer früheren Erfahrung ist, die nun in unterschiedlichen Szenerien mit verschiedenen Personen immer wieder durchgespielt wird, bis Sie die Sache endgültig gelöst haben. Vielleicht beschwören Sie ein Drama aus Ihrer Kindheit wieder herauf, wo man Sie zu Unrecht beschuldigt hat. Schmerz, Zorn oder Groll, die Sie jetzt empfinden, gehen fast immer auf eine gleichartige Erfahrung in der Kindheit zurück. Sie wiederholen den Schmerz so lange, bis Sie darüber hinausgelangen können. Wenn Sie wieder einmal auf jemanden wütend werden, halten Sie inne. Schließen Sie die Augen und gehen Sie nach innen. Sehen Sie, wie häufig Sie derartige Erfahrungen schon gemacht haben. Erkennen Sie es als ein Kindheitsmuster, das Sie erneut durchleben und das sich mit Hilfe Ihrer inneren Wahrheit auflösen läßt. Begreifen Sie, daß andere Menschen deshalb eine bestimmte Rolle für Sie spielen, weil Sie Ihnen bei Ihrer weiteren Entwicklung helfen sollen. Lassen Sie allen Ärger und alle Beschuldigungen in diesem Zusammenhang los.

Sie sind fähig, Ihre innere Wahrheit zu erkennen.

In Wirklichkeit sind Sie ein großartiges Wesen. Sie besitzen das Mitgefühl, den Mut, die Stärke und die Weisheit, um immer von der höchsten Möglichkeit auszugehen. Sie spielen Rollen, die Ihre wahre Größe nicht erkennen lassen, aber es sind eben nur Rollen und nicht Ihr wirkliches Wesen.

Je bewußter Sie mit Ihren Gedanken umgehen, um so mehr Kontrolle haben Sie über das Drama, das sich in Ihnen abspielt. Sie können sich Ihre Gedanken wie kleine Männchen vorstellen, die auf eins, zwei, drei losmarschieren. Wenn Sie jeden einmal anhalten könnten, um ihn ins Licht zu heben, würde sich Ihr Denken sehr verändern. Es ist eine Frage der Aufmerksamkeit und Bewußtheit, jeden Gedanken genau zu untersuchen, um herauszufinden, ob es sich wirklich um eine richtige Feststellung handelt.

Von der Wahrheit auszugehen bedeutet, sehr genau auf die verschiedenen Energien zu achten. Sehr oft bemerken Sie erst was vor sich geht, wenn Sie sich schon in eine äußerst unangenehme Lage gebracht haben, so daß Sie nach innen gehen, meditieren, nachdenken und sich in eine andere Person versetzen müssen. Vielleicht war das der einzige Grund, warum Sie diese Situation überhaupt verursacht haben. Würden Sie diese Dinge öfter tun, wäre das Leben einfacher. Wenn Sie in dem Augenblick, wo Sie dieses Unbehagen verspüren, nach innen schauten und Ihr Herz öffneten, würde es gar nicht zur Krise kommen.

Wenn Sie vorher in Gedanken durchgehen, was Sie jemandem sagen möchten, senden Sie schon Energie für Ihre zukünftige Interaktion mit diesem Menschen aus. Vielleicht tun Sie das, weil Sie in der tatsächlich folgenden Kommunikation von einer Ebene des Mitgefühls aus sprechen möchten. Gelingt es Ihnen, das zum Ziel Ihrer inneren Dialoge zu machen, werden Sie Ihre Beziehungen Schritt für Schritt klären. Üben Sie die Worte aber ein, um sich zu schützen, zu rechtfertigen oder vom anderen etwas zu bekommen, werden Sie sich im Gespräch mit ihm unbehaglich fühlen. Die Kommunikation wird unbefriedigend verlaufen, Sie werden Ihre Energie verschwenden, und wahrscheinlich werden noch weitere Auseinandersetzungen folgen. Deshalb ist es besser abzuwarten, wenn Sie jemandem böse sind, bis Sie ihm nicht mehr im Zorn begegnen, sondern aus der Liebe Ihrer innersten Wahrheit.

Warum ist es so schwierig, jemandem in die Augen zu sehen und dabei innerlich zu sich zu stehen? Haben Sie Angst, etwas zu verlieren? Fürchten Sie Ablehnung, sobald Sie Ihr wahres Wesen zeigen? Bei einigen von Ihnen ist es die Angst vor der eigenen Verletzlichkeit. Manchmal ist es einfacher, den «starken Mann» zu spielen und zu sagen: «Ich bin stark, unbesiegbar und vollkommen», als die Barrieren niederzureißen und sich ungeschützt zu zeigen. Das Universum wird Sie vielleicht einmal in eine Lage versetzen, in der Sie nichts mehr zu verlieren haben, damit Sie sich in Ihrer innersten Wahrheit zeigen können und damit eine Beziehung bereinigen. Aber Sie müssen nicht erst an diesen Punkt gelangen, um die Wahrheit sagen zu können.

Stellen Sie sich nun vor, daß jemand vor Ihnen steht, mit dem Sie eine Angelegenheit ins reine bringen oder zu dem Sie Ihre Beziehung verbessern wollen. Sehen Sie das Gesicht dieser Person vor sich, die Sie mit vollkommenem Verständnis und Mitgefühl anblickt. Stellen Sie sich vor, wie der andere Ihre Wahrheit akzeptiert. Teilen Sie ihm in Gedanken etwas mit, das Sie beide auf eine höhere Ebene führen wird.

Während Sie überlegen, was Sie jemandem mitteilen wollen, bewahren Sie das Bild Ihrer innersten Wahrheit und suchen Sie eine liebevolle Ausdrucksform dafür.

Mit jedem Üben werden Sie erfolgreicher und vertrauensvoller werden und immer noch bessere Ausdrucksmöglichkeiten entdecken. Gehen Sie gütig und sanft mit sich um. Am Anfang werden Sie sich vielleicht noch kritisieren, weil Sie Ihre Bemühungen nicht gelungen finden. Wenn Sie an vergangene Ereignisse zurückdenken, verübeln Sie sich Ihre damalige Handlungsweise nicht. Erkennen Sie statt dessen, daß Sie nach bestem Wissen und Gewissen vorgegangen sind. Sie können Energie zurück- oder voraussenden, so daß Sie durch die Kraft Ihres Herzens auch eine Situation in der Vergangenheit heilen können. Erkennen Sie, daß Ihnen das Erlernte die Wahrheit eröffnet hat.

Auf einer bestimmten Ebene weiß jeder die Wahrheit über den anderen. Möglicherweise versuchen Sie, die Wahrheit nicht zur Kenntnis zu nehmen, aber ein Teil von Ihnen weiß mit Sicherheit Bescheid. Es ist unmöglich, sich voreinander zu verstecken, und es ist auch nicht nötig. Sie sind ein erhabenes, schönes, lebendiges menschliches Wesen, das sein Bestes gibt. Sie alle wissen umeinander Bescheid, und wenn Ihre Worte und Taten in Einklang mit dieser Bewußtheit stehen, können Sie sich weiterentwickeln. Vielleicht erscheint es Ihnen lieblos, Ihre Gedanken auszusprechen oder sich durchzusetzen oder ein Bild in sich zu tragen, das nicht verständnis- oder mitleidsvoll ist. Möglicherweise glauben Sie, jemandem einen Gefallen zu tun, indem Sie Ihre Gefühle verbergen, während Sie dadurch ein Drama verursachen, aus dem der einzige Ausweg die Wahrheit selbst wäre. Unter Umständen müssen Sie sogar eine Beziehung beenden, wenn Sie derartig viel Distanz benötigen, um einmal die Wahrheit zu sagen.

Die Achtung vor der eigenen inneren Wahrheit ist für Sie und Ihre Mitmenschen ein großes Geschenk.

Das heißt nicht, daß man die Wahrheit so ausdrücken sollte, daß man andere ins Unrecht setzt. Sprechen Sie Ihre innere Wahrheit aus, so geschieht das voll Liebe zu sich und zum anderen. Wirken Ihre Worte verletzend oder zerstörend, sind Sie nicht wirklich von dieser Wahrheit ausgegangen, denn sie entspringt immer der Liebe.

Eine Frau unterhielt eine Beziehung zu einem Mann, der sie später wegen einer anderen Frau verließ. Sie war sehr verletzt, und, oberflächlich betrachtet, wollte sie zurückschlagen und ihm ebenfalls weh tun. Aufgrund der Abweisung, die sie erfahren hatte, war ihr erster Impuls, ihm all das zu verübeln. Bei genauerem Hinsehen erkannte sie jedoch, daß sie den Mann wirklich liebte, ihn sich zum Freund wünschte und ihr anfängliches Verhalten – nämlich ihr Herz zu verschließen – nicht ihrer Wahrheit entsprach. Obwohl sie sich verletzt fühlte, konnte sie die dem Schmerz zugrunde liegende Liebe erkennen und in ihrer Kommunikation zum Ausdruck bringen. Innerhalb weniger Monate kehrte der Mann zu ihr zurück, der ihr nun auf einer neuen Ebene der Wertschätzung und der Liebe begegnen konnte.

Viele von Ihnen haben zwar eine Vorstellung von ihrer Wahrheit, täuschen sich aber trotzdem häufig über ihre wahre Natur hinweg, z. B. indem sie sich als Opfer betrachten. Sie sind niemals Opfer. Sie sind hoch entwickelte, kraftvolle Wesen. Jedesmal, wenn Sie Ihre Schönheit, Weisheit und Kraft in Zweifel stellen, erliegen Sie einer Selbsttäuschung. Und diese Selbsttäuschung erfolgt auch, sobald Sie sich in Gefühlen wie Selbstmitleid und Depression gehen lassen – damit betrügen Sie sich um Ihre eigene Wahrheit. Sie tragen diese Energie der Selbsttäuschung mit sich herum und werden sie als Manifestation in Ihrer Umgebung erleben. Wenn Sie sich für machtlos erklären, erzeugen Sie eine Resonanz in Ihrem Energiefeld und ziehen somit Menschen und Ereignisse an, die Ihnen diesen Gedanken spiegeln. Sobald Sie Ihre Energie bereinigt haben und Ihr wahres Wesen ehrlich anerkennen, wird das Universum dann diese Wahrheit widerspiegeln.

Nehmen Sie sich eine beliebige Angelegenheit vor, die Sie in Ordnung bringen wollen. Und dann stellen Sie sich vor, daß Sie vom weisesten Teil Ihres Wesens – der höchsten Möglichkeit, dem Vertrauen, der Kraft und Liebe in Ihnen – erledigt wird. Sehen Sie das Lächeln auf dem Gesicht der betreffenden Person und sprechen Sie im Geist mit ihr. Sobald Sie sich bei diesem Gespräch auf einer eher niedrigen, vertrauenslosen Ebene ertappen, bedenken Sie zuerst immer, daß Sie im Augenblick Ihr Bestmögliches tun. Lernen Sie all Ihre Teilpersönlichkeiten schätzen. Es wird Sie nicht heilen, wenn Sie nur Ihre positiven Seiten annehmen, aber dem emotionell heftigeren Teil in Ihnen Unrecht geben. Wenden Sie sich auch dem unsicheren Teil liebevoll zu – so kann er stärker werden und sich entwickeln.

Beobachten Sie, wie Sie im Geist verschiedene Szenen «durchproben». Stellen Sie fest, wie Sie Ihre Rolle spielen und welche Reaktion Sie von seiten des anderen erwarten. Sehen Sie, daß Sie sehr oft tatsächlich bekommen, was Sie erwartet haben! Bewahren Sie eine Sicht von sich, wie Sie auf möglichst liebevolle, mitfühlende Weise die Wahrheit aussprechen und sich gut in die Lage des anderen versetzen können. Daraufhin werden Sie sicherlich von Freude und Kraft erfüllt sein, denn man benötigt wesentlich mehr Energie, um die Wahrheit zu verbergen, zu verleugnen und zu übersehen, anstatt sie klar zu erkennen, auszudrücken und danach zu handeln.

Anfangs braucht man vielleicht Kraft, um sich zu öffnen, aber denken Sie an das Ergebnis: All die Zeit, die Sie im Gedanken an diese Situation und diesen Schmerz verbracht haben, können Sie jetzt für anderes gebrauchen. Sie werden über einige Stunden mehr Freizeit verfügen. Was werden Sie mit all dieser zusätzlichen Zeit tun?

Durch die Auflösung enttäuschender Situationen wird viel kreative Energie frei. Seien Sie im Umgang mit Ihren Worten genau und sorgfältig. Beobachten Sie, welche Feststellungen Sie treffen und welche Haltung Sie einnehmen, um jede Tendenz zu emotioneller Verzerrung zu vermeiden. Achten Sie darauf, Details nicht übermäßig zu betonen oder Gewöhnliches und Übliches in Ungewöhnliches oder Unübliches zu verwandeln. Lernen Sie, sich ein Bild von den Dingen zu machen, wie sie wirklich sind – dies wird Ihnen helfen, auch in der physischen Realität das zu erreichen, was Sie sich wünschen. Wenn Ihre Worte mit Ihrer Wahrheit übereinstimmen, wird sich Ihre Energie ständig verstärken. Sie werden über mehr physische Kraft, inneren Frieden und bessere Kontakte zu Ihren Mitmenschen verfügen. An die Stelle von Freunden, die nicht beabsichtigen, ihrer innersten Wahrheit treu zu sein, werden andere, neue

Freunde treten. Die alten, unangenehmen Situationen, die Sie sich geschaffen haben, werden in diesem Licht nicht überdauern und sich schließlich auflösen.

Das Erkennen der inneren Wahrheit

Übungsbogen

1) Gibt es jemanden in Ihrem Leben, dem Sie die Wahrheit vorenthalten? Schreiben Sie auf, was Sie ihm/ihr wirklich sagen möchten. Bringen Sie es ohne Urteil zum Ausdruck.

2) Nachdem Sie das aufgeschrieben haben, versuchen Sie herauszufinden, ob es eine tiefere Wahrheit gibt, von der Sie ausgehen können: eine sanftere, mitfühlendere Sicht, die den anderen ebenfalls als liebendes Wesen anerkennt. Formulieren Sie die Notizen, die Sie sich gemacht haben, entsprechend um.

3) Sie können damit fortfahren, bis Sie das wahre Problem entdeckt haben. Visualisieren Sie Licht und Frieden zwischen sich und der anderen Person, wenn die Wahrheit zutage getreten ist.

IX
Höher zum Licht

Es gibt zahllose Energieebenen im Universum, angefangen bei groben, dichteren Schichten bis hin zu den Bereichen höchster Meisterschaft. Die dichteren Schichten zeigen sich als bedrückende Gefühle und negative Gedanken. Die höheren Ebenen befinden sich jenseits der Polaritäten, jenseits von Gut und Böse und jenseits heftiger Emotionen. Auf diesen Ebenen vermehren sich Liebe, Licht und persönliche Kraft. In jedem dieser Bereiche gibt es bestimmte Lektionen zu lernen, und eine der einfachsten Methoden des Aufstiegs besteht darin, jede Lernerfahrung als Herausforderung und Chance zu weiterem Wachstum anzuerkennen. Auch auf den höheren Ebenen treffen Sie immer noch auf Herausforderungen, allerdings in einer anderen Form. Ohne sie könnten Sie sich nicht weiter entwickeln. Ihre Einstellung dazu hilft Ihnen, entweder schneller zu lernen und aufzusteigen oder noch länger in den dichteren Energien verhaftet zu bleiben.

Je stärker Sie Probleme ablehnen, je mehr Sie dagegen rebellieren, daß Ihr Leben nicht wunschgemäß verläuft, um so länger werden Ihnen Ihre Schwierigkeiten erhalten bleiben. Diese dichteren Energien sind wie Treibsand, der Sie nach unten zieht. Haben Sie sich dort verfangen, drehen sich Ihre Gedanken ständig um den Punkt, den Sie als Problem betrachten. Sobald Sie auf eine höhere Ebene gelangt sind, entwickeln Sie auch entsprechende Gedankengänge und überlegen, was Sie aufgrund Ihrer seelischen Qualitäten bewirken können, was Ihre Persönlichkeit fördert und auf welche Weise Sie am besten Ihren spirituellen Weg beschreiten. Jeder versucht auf seine Weise, zu Selbsterkenntnis zu gelangen. Sie müssen um Ihr Selbst Bescheid wissen, um die verschiedenen Energien wirklich spüren zu können. Investieren Sie Zeit und Kraft in dieses Selbst und machen Sie sich bewußt, wer Sie sind und was Sie denken. Sie können diese Selbstbewußtheit steigern, indem Sie auf Ihre Gedanken achten. Zeichnen Sie Ihre Gedanken auf und machen Sie sich dann verschiedene Rubriken. Stellen Sie in jeder Kategorie fest (z. B.: Überlegungen zu einer engen Beziehung), wie hoch die jeweilige gedankliche Ebene ist. Negative oder selbstzerstörerische Gedanken gehören zu den dichteren, niedrigeren Kräften. Positive, optimistische oder heilende Gedanken befinden sich auf einer höheren, feinstofflichen Ebene.

Der Wille und die innere Absicht stellen einen Ausweg aus den dichteren Energien dar. Allein durch die Bekräftigung der Absicht, daß Sie weitergehen wollen, wird Ihnen der Aufstieg tatsächlich gelingen. Schlagen Sie sich aber mit Problemen herum und kämpfen auch noch dagegen an, verstricken Sie sich in dieser Situation. Der Verstand neigt manchmal nur allzu gerne dazu zu streiten, zu kämpfen und Widerstand zu leisten, so daß man weiterhin auf einer energetisch niedrigen Ebene verweilt.

Bei jeder Frage, die Sie nicht sofort lösen können, bekräftigen Sie einfach, daß Sie den Willen und die Absicht haben, weiter emporzusteigen. Mit Hilfe Ihrer Vorstellung können Sie tatsächlich auf eine höhere Ebene gelangen, indem Sie eine Vision dessen schaffen, was Sie verkörpern möchten.

Geben Sie sich lieber recht statt sich die Schuld zu geben, und Sie werden schneller vorankommen.

Lernen Sie, fest darauf zu vertrauen, daß all Ihre Handlungen (ob Sie sie nun verstehen oder nicht) Ihrem Fortschritt dienen. Viele von Ihnen haben sich für einen schnellen Entwicklungsverlauf entschieden und möchten alles auf einmal erreichen. Sie wollen in diesem Leben viele unterschiedliche Aspekte ihrer Seele vervollkommnen und haben deshalb einen steilen Weg statt eines langsamen, allmählichen Aufstiegs gewählt.

Die Transformation des Planeten beginnt mit der Wandlung des Selbst. Die Evolution fängt mit der inneren Absicht und der Hingabe an ein höheres Ziel an. Achten Sie auf Ihre Gedanken und Gefühle, und machen Sie sich die Botschaft bewußt, die in jeder Herausforderung enthalten ist. Vermeiden Sie es, sich in Einzelfragen zu verlieren. Betrachten Sie diese Dinge eher als Begleiter am Wegrand und nicht als Hindernisse, die zu überwinden sind. Konzentrieren Sie sich auf das Ersehnte und nicht auf die Dinge, die Sie lieber vermeiden möchten. Sobald Sie dem Universum gezeigt haben, daß Ihre Bestrebungen auf höhere Ziele gerichtet sind, werden Sie zahlreiche Hinweise auf den nächsten Schritt erhalten, den es jetzt zu tun gilt. Das Universum wird Ihnen den Weg weisen.

Häufig glaubt man, man habe mit geradezu unüberwindlichen Schwierigkeiten zu kämpfen. Manche kämpfen um die Liebe von jemandem oder allgemein um gute Beziehungen zu anderen. Andere wiederum hadern mit Ihrem Aussehen oder ringen um die «richtige» Ernährung und das «richtige» Körpertraining. Sie befinden sich in innerem Widerstreit – ist dieser der richtige Weg oder jener? Jeder verfügt über das innere Wissen, das ihm den richtigen Weg zu weisen vermag. Diese Weisheit *ist* vorhanden – horchen Sie auf die Stimme in Ihrem Inneren. Eine wahre Fülle von Informationen strömt Ihnen in diesem Moment zu. Es gehört mit zu den größten Herausforderungen dieser Zeit herauszufinden, welches Wissen verwendet werden soll und welches nicht. Der Planet wird geradezu von Informationen überflutet. Es gibt unzählige Bücher – Ratgeber für richtige Ernährung, für richtiges Verhalten, für richtige Gefühle und vieles andere mehr. Ich stelle zu all diesen Informationen eine große Verwirrung fest. Manche glauben, wenn sie sich zwingen könnten, nur die richtige Nahrung zu essen, alle Regeln zu befolgen und ständig an sich zu arbeiten, würden sie sich zum vollkommenen Menschen entwickeln. Das Ego und der Verstand hätten es am liebsten, wenn sich die Evolution strukturieren ließe; nicht so die Seele.

Kindheitsprogrammierungen und der Wunsch, zu einer Gruppe zu gehören, haben Sie gelehrt, daß das, was alle tun, wohl der richtige Weg sein muß. Aber jeder Mensch ist ein einzigartiges Wesen. Die Bedürfnisse nach Nahrung, Bewegung und Sonne, nach Beziehungen, Arbeit und Erfüllung der Sehnsüchte sind sehr unterschiedlich.

Es gibt keinen «einzig richtigen» Weg zur Weiterentwicklung oder zum Erreichen der höheren Bestimmung. Es liegt an Ihnen, das zu wählen, was am besten für Sie ist.

Das Wissen um Ihre eigenen Energien wird Ihnen auch zeigen, was gut für Sie ist. Wenn Sie sich z. B. die Bücher zum

Thema Gewichtsabnahme ansehen und von all den verschiedenen Methoden hören, fragen Sie sich nicht: «Was *sollte* ich versuchen?» sondern fragen Sie sich statt dessen: «Was würde ich *gerne* tun?» Alles, was Sie gerne tun, Bücher, an denen Sie sich erfreuen und Dinge, die Sie schon voller Ungeduld ausprobieren möchten – all das tut Ihnen gut! Und alles, wovon Sie meinen, daß Sie es tun müßten oder sollten, entspricht nicht Ihrem Wesen. Sie können Ihre Willenskraft (so wird das von Ihnen genannt) einsetzen, um sich zu etwas zu zwingen und den Programmen anderer Leute zu folgen, aber Ihr inneres Wesen wird all das letztlich wieder auflösen. Dann bezeichnen Sie sich als Versager oder glauben, Ihr Wille wäre nicht stark genug. Es ist aber nicht diese Ihnen bekannte Form der Willenskraft, die Sie weiterführen wird, sondern die Absicht, emporzusteigen und die Veränderungen auf natürliche Weise geschehen zu lassen. Gestatten Sie Ihren Gefühlen, mit dem Augenblick zu fließen, handeln Sie entsprechend und machen Sie sich mit ihnen vertraut. Was z. B. das Essen anbelangt, fragen Sie sich einfach ruhig und gelassen, wonach es Sie verlangt und was Ihnen im Augenblick besonders delikat erscheint. Selbst wenn Sie Schokolade oder etwas anderes essen möchten, das Sie eigentlich für ungesund halten, kann es sein, daß Ihr physischer Körper einen in der Schokolade enthaltenen Bestandteil benötigt, um seine Schwingung und Resonanz aufrechtzuerhalten. Und der einzige ihm bekannte Weg, diesen zu erhalten, ist eben die Schokolade. Vielleicht brauchen Sie nur wenig davon, und sobald Sie all das «Sollen» oder «Nichtsollen» weggelassen haben, wird der Körper von sich aus nach anderen Dingen verlangen, die ihm guttun.

Beachten Sie bei all den Büchern, von denen Sie glauben, daß Sie sie lesen *sollten,* weil Sie dieses Wissen haben *müßten,* daß es oft nur ein Absatz oder eine Seite ist, die für Sie wirklich wichtig sind. Ich spreche hier über die Ausbildung

Ihres Unterscheidungsvermögens, damit Sie den Unterschied zwischen dem, was gut für Sie ist und was nicht, feststellen lernen.

Jeder besitzt seine eigene persönliche «Landkarte» der Realität: seine spezifischen Ansichten, eine einzigartige Lebensphilosophie und ein ganzes System von Glaubensvorstellungen. Ich fordere Sie heraus, sich Ihre Landkarte einmal genauer anzusehen. Was sagt nun eine solche Landkarte aus? Bei einem Menschen mag sein Plan der Realität besagen: «Es gibt nicht genügend Liebe im Universum», bei jemand anderem vielleicht: «Jedesmal, wenn ich mich einem Menschen öffne, werde ich verletzt.» Ihre Landkarten bauen auf Kindheits- und anderen Lebenserfahrungen auf. Sie gehen darauf zurück, wie Sie Ihre Energien nach außen abgegeben haben und wie sie von anderen aufgenommen worden sind, vor allem von den Menschen, die Sie geliebt haben oder von denen Sie geliebt werden wollten.

Wenn sich einer Ihrer Lebensbereiche nicht wunschgemäß gestalten läßt, müssen Sie eine Ihrer Ansichten in diesem Bereich ändern.

Dann ist es entweder Zeit, sich eine neue Landkarte zu besorgen oder die alte zu überarbeiten. Sie läßt sich aber nicht durch Zwang verändern. Ein Wandel läßt sich ganz einfach herbeiführen, indem Sie sich ruhig und fest sagen, daß Sie beabsichtigen aufzusteigen und nicht vorhaben, wegen eines Streites (oder worum es sich sonst handeln mag) steckenzubleiben. Das mag beinahe zu einfach klingen, aber mehr braucht man nicht, um die Bewegung auszulösen, die aus dem Konflikt herausführt. Sobald Sie Ihre Absicht innerlich bekräftigt haben, wird Ihnen das Universum die Antwort geben.

Eine andere Möglichkeit, die dichteren negativen Energien zu verlassen, besteht darin, sich die telepathischen Botschaften und Emotionen, die man aussendet, bewußt zu machen. Das kann viele Menschen beeinträchtigen, und was immer Sie aussenden, werden Sie unweigerlich wieder auf sich ziehen. Übernehmen Sie die Verantwortung für die Gedanken und Gefühle, die Sie ausschicken, denn sie gehen ins Universum hinaus und bewirken jene Ereignisse und Umstände, die wieder auf Sie zurückkommen.

Sie können lernen, wie man positive Gedanken und Gefühle an andere aussendet oder sie in die Zukunft projiziert, um ihnen dann später zu begegnen. Jeder ausgesandte Gedanke ist magnetisch, weil er schöpferisch wirkt und Ihnen Ereignisse, Menschen oder Dinge zuführt. Das geschieht aufgrund der Resonanz mit jenen Dingen, an die Sie denken, und das bestimmt wiederum, was Sie anziehen.

Durch die Höherentwicklung Ihrer Gedanken können Sie der Menschheit helfen, Frieden zu erlangen.

Jeder Gedanke, den Sie aussenden, führt Ereignisse im Universum herbei und zieht Menschen an. Und nicht nur das, jeder ausgesandte Gedanke trägt zur Transformation des Planeten bei. Vielleicht glauben Sie nicht, daß ein einzelner Mensch die Gesamtenergie so stark beeinflussen kann, doch *ein* heilender, wohlwollender Gedanke kann zehntausend (oder sogar mehr) negative Gedanken aufwiegen. Je höher der heilende Gedanke ausgerichtet ist, um so mehr niedrige können durch ihn ausgelöscht werden. Sie helfen nicht nur sich selbst, wenn Sie Ihr Denken wandeln, sondern auch jedem Ihrer Mitmenschen. Sie brauchen die Betreffenden nicht einmal zu kennen und auch nicht physisch anwesend zu sein. Positive, heilende Gedanken reichen in Ihre Nachbarschaft und Gemeinde hinaus und helfen jedem, der zum Höheren strebt.

Stellen Sie sich vor, hoch über der Erde zu schweben (wie Sie es von Satellitenbildern her kennen). Gehen Sie davon aus, daß ein Großteil der Menschheit unter Ihnen mit weltlichen Dingen befaßt ist oder sich in niedrigeren Gedanken verloren hat. Je höher Sie in dieser Vorstellung steigen, um so mehr Menschen können Sie mit Ihren feineren, höher ausgerichteten Ideen erreichen. Menschen, die ihren alltäglichen Beschäftigungen nachgehen und nach einer Lösung für ihre Probleme suchen, können die heilende Energie verwenden, die Sie aussenden. Die Menschheit erlebt gerade eine tiefgreifende Wandlung. Sie ist an einem Scheideweg angelangt – auf der einen Seite befinden sich Frieden und Fülle, auf der anderen Konflikt und Mangel. Es ist Zeit, daß Sie sich Ihrer persönlichen Gedanken bewußt werden, und zwar jederzeit, auch im Alltag. Jede negative Empfindung – Abscheu, Zorn, Unzufriedenheit mit sich selbst usw. – trägt zur planetaren Entscheidung in Richtung Mangel bei. Jedesmal, wenn Sie sich wohl fühlen oder Liebe ausstrahlen, leisten Sie einen Beitrag zur Fülle auf diesem Planeten.

Höher zum Licht

Übungsbogen

1) Schreiben Sie hier jene Dinge nieder, an die Sie am häufigsten denken (Karriere, Freunde, Familie, Geld, Auto, Kleider, Ernährung, Gesundheit usw.). Bewerten Sie in einer zehnteiligen Punkteskala (1 = negativ, 10 = positiv), wie Sie die jeweiligen Dinge betrachten.

   1.
   2.
   3.
   4.
   5.
   6.
   7.
   8.
   9.
   10.
   11.
   12.
   13.
   14.
   15.

2) Inwiefern sind diese Gedanken positiv?

3) Wählen Sie einen Bereich, den Sie niedrig bewertet haben, und beschreiben Sie ihn nun in einem positiven Bild.

X
Wie man lernt, bedingungslos zu lieben

Bedingungslos zu lieben bedeutet, sein Herz jederzeit offen zu halten. Das kann Ihnen nur gelingen, wenn Sie aufhören, von anderen Menschen zu erwarten, daß sie *Ihren* Vorstellungen entsprechen. Es heißt auch, seine Bedürfnisse in bezug auf andere aufzugeben – ob sie einem nun etwas Bestimmtes geben oder auf eine bestimmte Weise handeln sollen oder ob man Liebe von ihnen fordert. Viele von Ihnen erwarten, daß Ihre Mitmenschen sie herzlich und liebevoll behandeln, bevor sie es selbst tun.

Bedingungslos zu lieben bedeutet, daß man selbst zur Quelle der Liebe wird, anstatt es von anderen zu erwarten.

Bedingungslose Liebe ermöglicht Ihnen die Verbindung zu anderen Menschen, wobei Sie Ihre persönlichen Grenzen trotzdem abstecken können. Um auf andere eingehen zu können, müssen Sie Ihre eigenen Grenzen kennen. Die meisten Menschen suchen den Kontakt zum anderen, wünschen sich eine intime Verbindung und möchten doch für sich sein können. Wenn Sie sich in einer Beziehung eingeengt fühlen und Dinge von Ihnen verlangt werden, die Sie eigentlich nicht tun wollen, sind Sie sich über Ihre Grenzen nicht im klaren. Es ist zwar leichter, dem Partner die Schuld zu geben, aber Sie sind es, der klare Grenzen ziehen müßte. Wenn Sie andererseits etwas vom Partner fordern und es nicht bekommen, dann deshalb, weil Sie ihn benutzen wollen, um einen inneren Mangel auszufüllen, den nur Sie selbst ausgleichen können.

Angenommen, eine Frau fühlt sich in ihrer Beziehung unterdrückt. Sie hat den Eindruck, daß ihr Partner ständig mehr fordert, als sie zu geben bereit ist – mehr Zeit, mehr Aufmerksamkeit, mehr Hingabe an die Beziehung. Sie beschuldigt ihn, zu viel zu verlangen. Die Ursache liegt jedoch in ihr, und sie wird weiterhin gleichartige Beziehungen anziehen, bis sie das erkannt hat. Sehr oft zeigt sich ein solches Muster auch durch sein Gegenteil. Entweder sie zieht Männer an, die ständig zu viel fordern, oder sie trifft auf Männer, die für sie nicht erreichbar sind und die sie nicht wollen.

Diese Frau hat noch kein richtiges Gefühl für sich selbst. Solange sie nicht sicher ist, wo sie aufhört und der andere anfängt, wird sie ständig um Abgrenzung kämpfen. Sie wird jegliche Verpflichtung scheuen, weil sie sie als Verlust ihrer Identität empfindet. Da sie nicht genau weiß, wer sie eigentlich ist, fühlt sie sich durch Forderungen oder auch nur durch einfache Bitten unter Druck gesetzt. Wären ihre Grenzen klar definiert, hätte sie keine Schwierigkeiten, nein zu sagen. Wären ihre Abgrenzungen eindeutig, würde sie keine Beziehungen anziehen, in denen ständig erprobt wird, wie weit man bei ihr gehen kann. Sobald sie sich selbst klar macht, wieviel sie geben will und welches Verhältnis zu anderen ihr ausgewogen erscheint, wird sie eine Beziehung eingehen können, die dem neuen Bild entspricht.

Bedingungslose Liebe transformiert Angst.

Angst ist wie ein Hintergrundgeräusch, das den Planeten umgibt und viele Handlungen und Entscheidungen beeinflußt. Man benötigt Stärke und Mut, um dem zu begegnen, was man fürchtet. Sobald Sie Energien wahrnehmen können, wird Ihnen auch Angst deutlich bewußt. Als erstes sollten Sie sich selbst in diesem Punkt überprüfen, obwohl Angst meist bei anderen Menschen leichter zu erkennen ist. Wenn Sie bei der Betrachtung eines Freundes oder geliebten Menschen deutlich sehen, wo er/sie verschlossen oder ängstlich reagiert, ist das die Reflexion eines Bereiches in Ihnen, der mehr Liebe benötigt.

Es ist leichter, die Schwachstellen anderer Menschen zu erkennen als die eigenen. Deshalb wird Sie das Universum oft etwas über Ihr eigenes Wesen erfahren lassen, indem es Sie mit Menschen konfrontiert, die Ihnen zeigen, was Sie gerade zu lernen haben. Sie würden sich nicht auf einen bestimmten Charakterzug an anderen konzentrieren, wenn Sie nicht selbst daran zu arbeiten hätten.

Angst kann durch Ihre Gedankenmuster entstehen. Ich sehe kollektive Gedankenformen, die Ihnen das Gefühl geben, daß Sie «schlecht» seien oder daß Ihnen etwas zustoßen könnte, wenn Sie nicht vorsichtig genug sind. Diese kollektiven Gedanken werden von vielen Menschen geteilt. Von einem bestimmten Punkt an, sobald Sie zu höheren Entwicklungsstufen aufsteigen, werden Sie diesen Dingen innerlich begegnen müssen. Angst zeigt sich auch an ausgeprägter Selbstkritik – an der Frage, ob man jemanden enttäuscht habe, oder an dem Gedanken, daß man sich nicht ausreichend bemühe oder nichts wert sei. Nehmen Sie sich die Ängste, die Sie an sich entdecken, wenn Sie eine neue Beziehung eingehen, nicht übel. Furcht ist wie eine verborgene Strömung, und je mehr Ängste Sie aufdecken und sich ihnen stellen, um so mehr können Sie durch bedingungslose Liebe und Annahme heilen und auflösen.

Wie entdeckt man Ängste? Nehmen Sie sich einen Lebensbereich vor, in dem Sie eine Entscheidung treffen müssen. Fragen Sie sich, ob es irgendeinen Grund gibt, sich nicht für das zu entscheiden, was Sie vorhaben. Möglicherweise stoßen Sie auf verschiedene Ängste: daß nicht genügend Geld vorhanden ist, daß Sie es allein nicht schaffen, daß Sie keinen Erfolg haben werden oder daß Sie von anderen abgelehnt werden, wenn Sie deren Erwartungen nicht entsprechen und für sich selbst einstehen. Während Sie diese Entscheidung überdenken, fragen Sie sich, was Sie tun würden, wenn Sie sich von den höheren Mächten des Universums beschützt, geführt und geliebt wüßten. Würde Ihre Entscheidung anders ausfallen, wenn Sie sicher wären, daß Ihnen Ihre Seele auf jede erdenkliche Weise hilft und Sie Ihrem weisen Selbst voll und ganz vertrauen können? Das ist eine Möglichkeit, Ängste aufzulösen.

Angst ist ein Bereich,
der die Liebe noch nicht entdeckt hat.

Angst tritt oft in der Verkleidung von logisch-rationalen Begründungen auf, die angeben, warum man etwas *nicht* tun kann. Manchmal verbirgt sie sich hinter dem Gefühl, daß Sie von anderen Leuten abgehalten werden. Es gibt viele Möglichkeiten, Angst zu verstecken: anderen die Schuld zuschieben, sich der Verantwortung entziehen, beschließen, daß es ohnehin nicht klappt – warum sich also anstrengen, wütend werden und aufgeben und noch vieles mehr. Welche Methoden verwenden Sie, um Ihre Angst zu verbergen?

Wenn Sie sich selbst bei derlei ertappen, gilt es, zuerst zu erkennen, daß Sie aus Angst etwas vermeiden oder aus Angst sich selbst (oder jemand anderen) ablehnen. Und genau dieser Bereich bedarf der bedingungslosen Liebe. Lieben Sie diesen Teil in Ihnen und setzen Sie ihn nicht ins Unrecht. Entwickeln Sie die Bereitschaft, den Dingen, die Sie sonst meiden, direkt zu begegnen. Sie brauchen sich weder zu entschuldigen noch etwas zu überspielen noch zu glauben, Sie seien ein schlechter Mensch. Sobald eine Angst einmal erkannt ist, fällt es leichter, sie zu bewältigen. Nur solange sie verborgen ist, kann sie Trennung und Schmerz verursachen.

Nehmen Sie sich ein Projekt vor, das Sie gerne verwirklichen möchten, von dem Sie aber fürchten, es könnte Ihnen mißlingen. Notieren Sie sich nun all die Gründe, warum Sie es nicht durchführen können. Anschließend kehren Sie alle diese Begründungen in positive Feststellungen um, die bestätigen, daß Sie das Gewünschte erreichen *können.* Sie werden feststellen, daß sich Angst im Lichte des Bewußtseins auflöst. Liebe ist wie die warmen Sonnenstrahlen, die das Eis auftauen. Sie schmilzt alle Barrieren und löst jeden Schmerz auf. Und wie das Eis werden sich Ihre Ängste in Wasser verwandeln und schließlich verrauchen.

Sobald Sie bemerken, daß Sie auf andere eher mit Angst als mit Liebe reagieren, daß Sie sich zurückziehen, weil Sie keine Ablehnung spüren wollen oder daß Sie befürchten, man könnte Ihnen Unrecht tun oder zuviel von Ihnen fordern, danken Sie sich selbst, weil Ihnen die Angst bewußt geworden ist. Haben Sie diesen Teil in sich, der sich fürchtet, gern, und strahlen Sie dann bedingungslose Liebe aus.

Falls Sie besonders kritisch sind und schnell urteilen, werden Sie von den Energien anderer Leute am stärksten beeinträchtigt. Betrachten Sie z. B. jemanden und denken dabei: «Er sollte fleißiger sein und seine Angelegenheiten besser in Ordnung bringen», ziehen Sie die negative Energie des Betreffenden auf sich. Sie erleben eigentlich etwas, was Sie selber – durch die Konzentration auf eine bestimmte Eigenschaft – zum Vorschein gebracht haben. Sie ziehen genau das an, was Sie fürchten. Stellen Sie den Kontakt zu jenem sanften, liebevollen Wesenszug in Ihnen her, zum höheren, weiseren Selbst, das Ihnen eine liebevollere Handlungsweise ermöglicht.

Wenn Sie spüren, daß zwischen Ihnen und Ihren Mitmenschen unangenehme Schranken oder Einengungen bestehen, zeigt das, daß Sie sich selbst und anderen mehr Zuwendung schenken sollten. Sie müssen nicht mit jemandem direkt zusammenleben, sehr engen Kontakt pflegen oder sehr viel Zeit mit ihm verbringen, doch die liebevolle Ausstrahlung, die Sie ihm senden, wird ihm immer wohltun. Mancher von Ihnen versucht, sich nach außen stark zu geben und nach dem Motto zu handeln: «Ich bin weder verwundbar, noch lasse ich mir wehtun.» Aber genau diese Haltung erzeugt Angst und Schmerz, weil sie noch mehr negative Handlungen von seiten anderer anzieht, was dann wiederum einen noch stärkeren Schutzschild erfordert.

Denken Sie einen Augenblick nach, bevor Sie jemandem Ihr Herz verschließen und sich sagen: «Ich hab' genug, dieser Mensch ist mir einfach zu lieblos, ich werde weggehen.» In jeder Beziehung, gleichgültig, wie dauerhaft oder eng sie sein mag, wird man immer wieder herausgefordert, sein Herz offenzuhalten. Wie sonst könnten Sie bedingungslose Liebe lernen, wenn nicht in den Bereichen, in denen Sie Ihr Herz nicht öffnen wollen? Jedesmal, wenn Sie auf einen solchen Bereich stoßen, haben Sie die Chance, ein neues Verhalten zu erproben und offen zu bleiben. Vielleicht treffen Sie trotzdem die Entscheidung, eine Beziehung aufzugeben oder zu ändern, aber nun können Sie das auf liebevolle Weise tun. Möglicherweise halten Sie jene Leute für Ihre besten Freunde, die Ihnen nie eine Herausforderung stellen noch Ihre Herzensgüte beanspruchen. Zu Menschen, bei denen Sie nie gezwungen sind, trotz allem offen und liebevoll zu bleiben, besteht jedoch keine echte Verbindung. In Herzensdingen geht es immer darum zu vertrauen, sich zu öffnen und eine neue Ebene der Annahme und des Verständnisses zu erreichen.

Lieben lernt man,
indem man sich in Situationen begibt,
die eine liebevolle Haltung erfordern.

Toleranz ist ein Attribut bedingungsloser Liebe. Innerlich zu lächeln, wenn etwas geschieht, worauf Sie früher mit Ärger reagiert haben, und dann einen freundlichen Wunsch oder liebevollen Gedanken an den Betreffenden auszusenden, befreit Sie von der Beeinträchtigung durch das Verhalten anderer. Toleranz bedeutet, daß man ruhig und gelassen bleibt, gleichgültig, was geschieht, und daß man anderen gestattet, sie selbst zu sein und ihre eigenen Fehler zu machen. Somit ist es möglich, ihnen einen freundlichen, schützenden Hafen zu bieten, wo sie sich am beständigen Licht des Angenommenseins wärmen können.

Was immer Sie anderen geben – es ist auch ein Geschenk an Sie selbst.

Fähig zu werden, Menschen so anzunehmen, wie sie sind, stellt eine große Aufgabe dar. Haben Sie das einmal gemeistert, haben Sie sich damit auch selbst beschenkt. Wenn Sie jemand anschreit oder in einem Ton mit Ihnen spricht, der Zorn, Verteidigungsmechanismen oder Traurigkeit in Ihnen auslöst, senden Sie ihm auf telepathischem Weg Liebe. Achten Sie darauf, friedlich und zentriert zu bleiben und atmen Sie ruhig. Erwarten Sie nicht, daß er aufhört zu schreien oder daß er überhaupt auf irgendeine Weise reagiert. Bedenken Sie einfach, daß Sie dadurch *Ihre* Schwingung anheben. Wahrscheinlich wird sich der Betreffende bald verändern, oder Sie werden nicht mehr in Situationen geraten, in denen jemand wütend auf Sie wird.

Beziehungen stellen eine Herausforderung dar, sich ein offenes Herz zu bewahren und anderen gegenüber liebevoll zu sein. Dazu gehört, daß man seine Verteidigungsmechanismen fallenläßt. Man hat nichts zu verteidigen oder zu verstekken und braucht sich für nichts zu entschuldigen. Und das geschieht durch Selbstannahme, indem man sich für ein Verhalten, das es zu verbessern gilt, nicht rechtfertigt, sondern weiß, daß man durch negative Gefühle nur noch länger daran verhaftet bleibt. Viele Leute fürchten sich zuzugeben, daß sie im Unrecht sind, daß sie leiden oder sich verletzt fühlen. Manchmal, wenn Sie sich z. B. ruhelos fühlen und Ihre Mitte verloren haben, versuchen Sie vielleicht nach außen so zu tun, als wäre alles in Ordnung. Könnten Sie sich im Beisammensein mit einem anderen Menschen statt dessen öffnen und Ihre wahren Gefühle ausdrücken, würde ein Kanal der Kommunikation entstehen, der Ihre Verbindung noch vertiefen würde.

Vielleicht möchten Sie den Eindruck erwecken, Sie seien «perfekt» und spielen daher eine Rolle, die ausdrückt: «Mir geht es gut, mach dir keine Sorgen, ich bin zäh und brauche keine Hilfe.» Dadurch trennen Sie sich vom anderen ab, und das verwehrt Ihnen genau in den Augenblicken die Liebe, in denen Sie sie am dringendsten brauchen könnten. Ist Ihnen nicht schon aufgefallen, daß Sie jemanden besonders liebevoll behandeln, wenn er sich verwundbar zeigt und eingesteht, daß er nicht weiter weiß, anstatt so zu tun, als ob er alles wüßte? Fürchten Sie sich nicht, so gesehen zu werden, wie Sie sind.

Wenn Sie nichts zu verteidigen haben, wird das Leben einfacher, denn Sie brauchen nicht als jemand zu erscheinen, der Sie nicht sind.

Das Leben ist schwieriger, wenn Sie glauben, Sie müßten Ihre Ansichten, Gedanken oder Ihre Person verteidigen. Oft stellt sich heraus, daß den meisten Dingen, die Sie Ihrer Ansicht nach verteidigen müssen, Ideen zugrunde liegen, die nicht einmal Ihre eigenen sind. Sie werden kaum beleidigt oder verletzt reagieren, wenn jemand in irgendeiner Sache nicht mit Ihnen übereinstimmt, von der Sie ehrlich überzeugt sind. Dort, wo Sie unsicher sind und zweifeln, ist das Bedürfnis nach Verteidigung am stärksten.

Wenn Sie wieder einmal glauben, Sie müßten sich in irgendeinem Punkt verteidigen, dann fragen Sie sich nach dem Warum. Seien Sie bereit, Ihren Mitmenschen herzlich und weise zuzulächeln und senden Sie ihnen Ihre Liebe und Annahme. Glauben Sie nicht, daß Sie etwas sagen *müssen*. Seien Sie einfach, wer Sie sind. Wenn Sie keine Antwort wissen, sagen Sie eben: «Ich weiß es nicht». Versuchen Sie nicht, immer perfekt zu sein. Glauben Sie nicht, daß Sie – um geliebt zu werden – alle Antworten bereit haben müssen, nie Angst haben oder schwach wirken dürfen, denn den Menschen, die ihre Verletzlichkeit zeigen, begegnet man meist mit mehr Liebe.

Vergebung ist ein Bestandteil bedingungsloser Liebe. Vergeben Sie sich im täglichen Leben jeden Augenblick, in dem Sie nicht fröhlich, liebevoll oder weise waren. Vergeben Sie auch anderen auf die gleiche Weise. Durch dieses Verzeihen fällt es leichter, die Eigenschaften anzunehmen, die Sie sich wünschen, und dasselbe gilt für Ihre Mitmenschen.

Wenn jemand auf lieblose Weise auf Sie reagiert, zeigt das, daß er eigentlich aus Angst so handelt. Wenn Sie jemand ignoriert, ins Unrecht setzt, Ihnen Unfreundlichkeiten sagt oder Sie verächtlich behandelt, sollten Sie erkennen, daß er sich in Wirklichkeit fürchtet. Sie brauchen nicht auf die Angst des anderen einzugehen, indem Sie sie übernehmen. Sie können statt dessen zur Quelle der Heilung für alle Mitmenschen werden.

Sie ziehen die Situationen in Ihrem Leben an, um aus ihnen zu lernen. Ein Ausweg, der auch gleichzeitig nach oben führt, besteht in der Liebe. Wenn Sie liebevoll reagieren, wird sich jede Situation schlagartig verändern. Durch stetiges Üben lernen Sie, über längere Perioden Liebe auszusenden. Üben Sie, wo immer Sie sich befinden. Senden Sie der Erde Liebe. Senden Sie jedem Liebe, der Ihnen begegnet. Achten Sie darauf, in jedem das Schöne zu entdecken.

Liebe verleiht allem und jedem Schönheit, vor allem aber Ihnen selbst.

Wenn jemand leidet, ist das oft der richtige Augenblick, ihm bei der Veränderung seines Lebens zu helfen. Hat ein Mensch Angst, ist er oft auch eher bereit, zuzuhören. Falls Sie feststellen, daß jemand unter Angst leidet und sich selbst nicht liebt, ist das möglicherweise der richtige Moment, um ihn bedingungslos zu akzeptieren und ihn mit Ihrem Licht zu umarmen.

Leute, die scheinbar keine Angst haben und immer sehr tapfer wirken, benötigen häufig sogar mehr Liebe als Menschen, die bereit sind, auch verletzlich zu sein. Gerade diejenigen, die anderen weh tun, aggressiv sind, ihre Mitmenschen tyrannisieren und ihnen das Leben schwer machen, brauchen die Liebe meist am nötigsten. Senden Sie den Menschen Liebe, die alles zu besitzen und Macht über Sie zu haben scheinen – z. B. Ihrem Vermieter, Ihrem Chef oder Ihren Eltern. Sie verfügen nur in dem Maß über Macht, wie Sie es ihnen gestatten. Nur Ihre Angst kann ein Gefühl der Minderwertigkeit in Ihnen erzeugen. Wenn Sie jemanden fürchten, der in einer Autoritäts- oder Machtposition für Sie ist, senden Sie ihm Liebe. Das hilft Ihnen, die Machtkämpfe zu beenden und sich auf einen höheren Wesensbereich des anderen einzustimmen, wo Wunder und Liebe tatsächlich möglich werden.

***In dem Maße,
wie man von Licht erfüllt wird,
wächst die Kraft,
auf seine Umwelt zu wirken.***

Den Menschen in Ihrem Leben, die negative Energie aussenden und Ihren Erwartungen nicht entsprechen, gilt es vor allem, mit bedingungsloser Liebe zu begegnen. Sie sind eben nur sie selbst und handeln ihrem momentanen Verständnis entsprechend. Sie selbst werden wahren inneren Frieden finden, wenn andere nicht mehr Ihren Erwartungen gemäß handeln müssen, damit Sie glücklich sein können. Dadurch werden Sie zu einem strahlenden Leitstern, und je höher Sie emporsteigen, um so weiter reichen Ihre Gedanken. Wenn Sie jemandem mit bedingungsloser Liebe begegnen, können Sie von seinen/ihren negativen Energien auch nicht mehr beeinträchtigt werden. Sobald Sie sich in einer Situation befinden, wo Sie sich verletzt oder isoliert fühlen und Angst haben, senden Sie allen Beteiligten Ihre Liebe und Ihre Annahme. Das wird auf Sie und Ihre Mitmenschen heilsam wirken.

Je gemeiner sich ein Mensch verhält, um so größer ist seine Angst und um so dringender braucht er Liebe. Oft schenkt man Menschen, die bescheiden, verletzlich und wehrlos sind, besonders viel Liebe. Diese sollte man natürlich nicht außer Acht lassen, aber vergessen Sie nicht die Leute, die am unliebsamsten erscheinen – sie schreien am lautesten nach Zuwendung. Finden Sie einen Grund, auch die Unliebsamen zu lieben und sich um Leute zu kümmern, die zerstörerisch handeln. Es gibt keinen Menschen unter der Sonne, der nicht durch Liebe weiterwachsen würde. Jedesmal, wenn Sie Liebe verschenken, kommt Sie auch zu Ihnen zurück, verändert Ihre Schwingung und Ihre Aura und Sie ziehen sogar noch mehr Liebe an. Vielleicht kommt sie nicht von denselben Menschen zurück, denen sie geschenkt wurde, aber sie kehrt auf jeden Fall zu Ihnen zurück.

Immer, wenn Sie aus irgendeinem Grund Angst überkommt, ist es an der Zeit, sich mit dem Höheren Selbst in

Verbindung zu setzen. Waren Sie als Kind ängstlich, gab es immer jemanden oder etwas, um Sie zu trösten und Ihnen die Angst zu nehmen – die Eltern, einen Verwandten oder ein geliebtes Stofftier. Dieser Trost kam jedoch von außen. Ein Teil Ihrer Reise ins Licht besteht darin zu lernen, dieses Gefühl der Sicherheit und das Vertrauen in eine freundliche Welt selbst zu entwickeln und zu wissen, daß man von einem großzügigen Universum geliebt und beschützt wird. Bitten Sie Ihre Seele um Hilfe. Atmen Sie ruhig und gehen Sie nach innen, bis Sie diesen Ort des Vertrauens in sich gefunden haben.

Wenn Sie Angst haben, stellen Sie sich vor, wie Sie vom liebevollsten Freund umarmt werden, den Sie je hatten. Er ist bedingungslos für Sie da, er liebt Sie, gleichgültig ob Ihre Gedanken gut oder schlecht sind, er steht Ihnen immer zur Seite und umhüllt Sie fortwährend mit Licht. Dieser Freund ist Ihre Seele. Bedenken Sie, daß Sie sich in Zeiten der Angst an diesen Freund wenden können. Er wird Ihnen helfen, sich mit dem höheren Teil Ihres Wesens in Verbindung zu setzen. Sie können auch die spirituellen Meister und Führer anrufen, denn wer da auch rufen mag, er wird immer erhört und erhält liebevolle Führung. Sie brauchen nur um Hilfe oder Verbindung zu bitten, und sie wird Ihnen gewährt.

Auch wenn die Dinge manchmal unangenehm und düster erscheinen, glauben Sie nicht, Sie seien vom Weg abgekommen, denn Sie streben immer aufwärts. Manchmal erscheint der Weg steil und schwierig. Und dann gibt es wieder Zeiten, in denen Sie laufen, tanzen und mit Leichtigkeit voranschreiten. Hören Sie auf zu urteilen und erleichtern Sie sich jede Wachstumsphase, indem Sie annehmen, was auf Sie zukommt. Erlauben Sie sich einfach, die holprige Straße genauso zu lieben wie die ebene. Danken Sie sich für Ihren Mut, der Sie emporstreben läßt in dem Versuch, das Beste und Höchstmögliche zu erreichen. Vergessen Sie nicht, daß Sie ein liebendes Wesen sind, daß Ihnen Liebe zusteht und daß Sie Ihrem Wesen nach Liebe sind.

Wie man lernt, bedingungslos zu lieben

Übungsbogen

1) Denken Sie an einen Lebensbereich, in dem Sie eine Veränderung anstreben. Schreiben Sie auf, um *welche* Veränderung es sich handelt. (Z. B.: Ich würde mir lieber ein Haus/eine Wohnung kaufen, statt sie nur zu mieten.)

2) Schreiben Sie all die Begründungen auf, warum Sie diese Änderung nicht herbeiführen können. Sie repräsentieren nämlich Ihre unbewußten Ängste. (Z. B.: Ich kann unmöglich ein Haus kaufen, weil ich mir die monatlichen Raten nicht leisten kann oder weil ich nicht genug Geld für eine Anzahlung habe.)

3) Setzen Sie sich ruhig hin und vergeben Sie all jenen Teilpersönlichkeiten in Ihnen, die nicht glauben, daß Sie das erreichen können. Senden Sie all diesen zweifelnden, ängstlichen Stimmen Liebe und Annahme.

4) Wandeln Sie all diese Zweifel in positive Bekräftigungen um und sagen Sie sich diese selbst immer wieder vor. Vielleicht schreiben Sie sie auf ein großes Blatt, das Sie an die Wand heften. Sehen Sie es sich mehrere Wochen lang jeden Tag an, wenn Sie daran vorbeigehen. (Z. B.: Ich kann mir die monatlichen Raten jetzt leisten, oder ich bekomme das Geld für die Anzahlung mit Leichtigkeit zusammen.)

XI
Mit Schmerz umgehen lernen

Sobald Sie sich auf einer höheren Bewußtseinsebene bewegen, werden Sie vermutlich lernen müssen, wie man die Energien von Schmerz und Zorn in sich und in anderen bewältigt. Ein Teil des Entwicklungsweges der Seele, die ins Licht strebt, besteht darin, in Gegenwart solcher Kräfte das Gleichgewicht zu bewahren und das Herz offen zu halten.

Wenn Sie sich von jemandem verletzt oder abgeschnitten fühlen, sollten Sie herauszufinden versuchen, welche Lektion Sie damit lernen wollten, daß Sie sich in eine solche Lage gebracht haben. Auch geliebte Menschen verursachen einem Schmerz oder man fühlt sich manchmal fern von ihnen. Suchen Sie dann nicht nach intellektuellen Begründungen. Versuchen Sie nicht herauszufinden, wer wem weh getan hat oder wer recht oder unrecht hat. Meist bringt es nichts Gutes, wenn hin und her argumentiert wird, um festzustellen, wer denn der «Gute» und wer der «Böse» sei. Das führt nur zu Machtkämpfen und macht eine Herzensverbindung zum anderen unmöglich.

Meist fühlen sich beide Beteiligten im Recht und glauben, die Haltung des anderen sei ungerechtfertigt. Oft gesteht man sich selbst zwar zu, wütend zu werden, dem anderen aber keineswegs. Viele Leute schlagen, wenn sie sich verletzt fühlen, auf den anderen los, weil sie ihn für die Ursache ihres Schmerzes halten. Der Schmerz ist aber immer schon innerlich vorhanden, bevor jemand als Auslöser wirken kann. Die andere Person ist nur der Katalysator, der den Schmerz zum Vorschein bringt. Sie ist jedenfalls *nicht* die Ursache. Ursache ist ein Schmerz in Ihrem Inneren. Es ist auch kein Zufall, daß der andere als Auslöser wirkt, denn oft sucht man sich gerade geliebte Menschen oder Freunde aus, um an den «wunden Punkt» zu rühren, damit man lernen und wachsen kann.

Wenn Sie sich verletzt und berechtigterweise beleidigt fühlen, wenn Sie sicher sind, daß sich jemand bei Ihnen entschuldigen sollte, halten Sie einen Augenblick ein, bevor Sie Ihrem Zorn freien Lauf lassen. Es ist sehr leicht, sich im Recht zu fühlen, aber Selbstgerechtigkeit trennt Sie von den Menschen, denen Sie in Liebe verbunden sein wollen. Wenn die Seele dem Licht zustrebt, besteht eine ihrer Lektionen darin, nicht nach richtig oder falsch zu bewerten, sondern immer Mitgefühl und Herz zu bewahren. Das beinhaltet die Bereitschaft, auch den Standpunkt des anderen zu sehen und selbst nichts beweisen zu müssen.

Es ist so wichtig, mit Schmerz umgehen zu lernen, denn dadurch ermöglichen Sie Ihrer Seele, zum Steuermann des Schiffes zu werden. Was ist Schmerz? Schmerz ist ein Bereich, in den die Seele noch nicht genügend Licht hineingebracht hat, so daß das sanfte, mitfühlende Herz noch nicht durchscheinen kann. Schmerz ist ein Bereich, der auf die Liebe wartet. Wenn man leidet, neigt man nicht nur dazu, andere zu beschuldigen, sondern man möchte sich auch zurückziehen und sein Herz verschließen. Sobald Sie das Gefühl haben, daß Sie von einem Freund oder einem geliebten Menschen ungerecht behandelt werden, ist es zuerst einmal besser, nicht den anderen ins Unrecht zu setzen und für sich nach einer Entschuldigung zu suchen. Gehen Sie lieber nach innen. Ein anderer kann Sie nur dazu veranlassen, Ihr Herz zu verschließen, wenn diese Neigung schon vorher vorhanden war. Gibt es keinen inneren Schmerz, kann ihn auch niemand zum Vorschein bringen. Der andere würde Ihnen dann nur leid tun, Sie würden Mitgefühl empfinden, aber sich weder zornig noch bedroht fühlen.

Ein anderer Mensch kann nur dann Schmerz auslösen, wenn dieser bereits in Ihrem Inneren vorhanden war.

Jedesmal, wenn Ihnen jemand weh zu tun scheint, ist das eigentlich ein Geschenk. Es weist Sie auf einen Bereich hin, in dem Sie noch nicht gelernt haben, Ihr Herz zu öffnen. Es zeigt Ihnen auch, wo Sie mehr Licht in Ihrem Inneren entwikkeln können. Sie haben bestimmte Menschen in Ihrem Leben angezogen, damit diese Sie auf die Punkte hinweisen, wo es noch mehr Offenheit zu lernen gilt. Ein Teil Ihrer Lernerfahrung besteht darin, auch dann liebevoll und offen zu bleiben, wenn jemand etwas tut, was Sie gewöhnlich immer verletzt hat.

Bevor Sie den anderen beschuldigen, Ihr Herz verschließen, sich abwenden und dadurch eine noch stärkere Trennung hervorrufen, halten Sie inne. Fragen Sie sich, ob Sie bereit sind, das Licht einzulassen.

Wie kann man das Licht einlassen, wenn man leidet? Als erstes ist es wichtig, sich physisch von dem Menschen zu entfernen, der einem weh tut, während man versucht, seine Mitte wiederzufinden und Licht in sich aufzunehmen. Die physische Nähe des anderen bringt einen (sofern man im

Umgang mit Energien noch kein Meister ist) in Kontakt mit dessen Aura. Durch die Nähe wird es schwerer, das Gleichgewicht wiederherzustellen. Wenn Sie sich mitten in einem Streit befinden, sich verletzt fühlen, selbst zurückschlagen wollen oder sich abwenden möchten, gehen Sie zuerst – gleichgültig was geschieht – körperlich auf Distanz. Bewahren Sie Stillschweigen, bis Sie eine Gelegenheit zum Alleinsein hatten. Erbitten Sie sich ein paar ruhige Minuten, um sich hinzusetzen und nachzudenken. Sagen Sie dem anderen, daß Sie nicht im Zorn sprechen wollen. Oft hilft es bei der Entschärfung einer Situation, wenn Sie erklären, daß Sie lieber bewußt und mitfühlend reagieren möchten und deshalb einige Augenblicke der Besinnung benötigen, um Ihre Fassung wiederzugewinnen. Häufig beginnt man einen Streit, weil man mit sich selbst unzufrieden ist. Bedenken Sie, daß dasselbe auch für andere gilt, wenn diese Ihnen weh tun oder Sie angreifen.

Lernen Sie, nicht weiterzusprechen, sobald die Energie zwischen Ihnen und dem Gesprächspartner schwer und dicht wird. Wenn Sie physische Distanz herstellen können, machen Sie von dieser Möglichkeit Gebrauch. Lassen Sie Licht in sich ein, indem Sie ruhig sitzen und inneren Frieden visualisieren. Es mag schwierig erscheinen, sich auf den Frieden einzustimmen, wenn man gerade wütend ist. Versuchen Sie, sich eine schöne Szenerie vorzustellen, eine angenehme Erinnerung oder etwas anderes wachzurufen, das Ihr Gleichgewicht wiederherstellt. Dann laden Sie Ihre Seele ein, Ihr Herz zu berühren. Bitten Sie darum, daß das höchstmögliche Bewußtsein in Sie einfließen möge. Das Gefühl des Friedens wird sich intensivieren, und vielleicht tut Ihnen das vorher Gesagte bereits leid. Möglicherweise sehen Sie sogar, daß Sie die Sache unverhältnismäßig aufgebauscht haben und vieles, was Sie gesagt haben, eigentlich nicht so gemeint war. Oder Sie sind in diesem Moment imstande, den Zorn oder das

Leid des anderen aus mitfühlender, losgelöster Sicht zu betrachten und fühlen sich für seine Reaktion nicht persönlich verantwortlich.

Je schneller Sie verstehen, was Sie aus einer bestimmten Situation zu lernen haben, um so schneller können Sie sie hinter sich lassen.

Fragen Sie sich, was Sie durch das Zusammentreffen mit diesem Menschen lernen können oder wodurch Ihr Fortschritt in jener Situation gefördert wird. Angenommen, es verletzt Sie, daß jemand Ihre Liebe nicht in dem Maße erwidert, wie Sie es gerne hätten. Vielleicht haben Sie zu lernen, ein offenes Herz zu bewahren, gleichgültig, was der andere tut. Oder Sie erfahren dadurch mehr über Demut, Arglosigkeit und die Minderung der eigenen Wichtigkeit. Werden Sie ruhig und bitten Sie Ihre Seele um einen Hinweis. Sie wird Ihnen immer antworten. Sie werden feststellen, daß das jeweilige Ereignis ein großes Geschenk für Sie ist, obwohl es zuerst wie eine Tragödie erscheinen mag. Bitten Sie Ihre Seele, Ihnen das Geschenk zu zeigen. Das Ausmaß des Schmerzes weist oft auf die Größe der Gabe hin, die Sie erwartet, sobald Sie verstanden haben, warum Sie in diese Lage geraten sind.

Verständnis allein ist jedoch nicht genug. Sobald Ihnen klar ist, was Sie zu lernen haben, gilt es danach zu handeln. Manche von Ihnen fühlen sich verletzt und alleingelassen, wenn ihre Liebe nicht erwidert oder ihre Vorstellungen und Erwartungen nicht erfüllt werden. Versuchen Sie, nicht den anderen die Schuld dafür zu geben. Das verursacht nur Machtkämpfe. Man kann keine Antwort finden, wenn man in einen solchen Kampf verwickelt ist. Stellen Sie sich statt dessen vor, den anderen im Herzen zu umarmen und ihm bedingungslos zu vergeben, während Sie schweigen und Ihre Energien sich beruhigen lassen.

Schmerz ist ein wichtiges Anzeichen für Wachstum; er kann durch Liebe gewandelt werden.

Gerade in Augenblicken des Schmerzes stehen Sie Ihrer Seele oft am nächsten. Sobald Sie gelernt haben, Energien wahrzunehmen und direkter zu erfahren, lautet die Herausforderung, ein offenes Herz zu bewahren und auf die feineren, höheren Eigenschaften des anderen zu blicken anstatt auf seine Schwachstellen. Wenn Sie leiden, ist das ein Hinweis auf einen Lebensbereich, der nicht richtig gehandhabt wird, auf eine Ansicht, einen Gedanken oder ein Gefühl, die danach schreien, geliebt und geheilt zu werden. Verübeln Sie sich das nicht und halten Sie sich deshalb nicht für «schlecht», sondern sehen Sie es als eine Gelegenheit, diesen Teil Ihres Lebens zu erforschen, zu erfahren und zu heilen.

Wenn jemand wütend auf Sie ist, drückt das häufig nur seinen eigenen Schmerz aus. Die meisten Leute glauben, daß sie «aus gutem Grund» zornig werden und nur verletzt reagieren, wenn sie jemand im Stich läßt, reizt, ablehnt oder unvernünftige Forderungen stellt. Doch Zorn wird auch oft eingesetzt, um andere zu kontrollieren. Wird Ihr Verhalten in Gegenwart anderer durch die Angst vor deren Zorn bestimmt? Drohen Sie selber mit Ihrem Zorn, um andere zu beherrschen?

Aufgrund ihrer Denkmuster, ihrer Erziehung und Weltanschauung fühlen sich manchmal Menschen von Ihnen verletzt, obwohl das gar nicht in Ihrer Absicht lag. Manch einer reagiert schon zornig, wenn man lediglich anderer Meinung ist oder andere Vorlieben hat. Achten Sie darauf, nicht dem Wunsch nach Kontrolle oder Manipulation zu erliegen. Wenn das nicht zutrifft, braucht Ihnen der Zorn eines anderen nicht weh zu tun.

Oft sehe ich, wie zwei Menschen einander wehtun, obwohl jeder nur die Zuwendung des anderen wollte. Reagiert jemand verletzt, möchte er in Wirklichkeit oft, daß man seinen Arm um ihn legt und Sanftheit, Liebe und Verständnis für ihn aufbringt. Wie schwierig es doch ist, ruhig und liebevoll zu bleiben, wenn der andere verletzend handelt. Es ist jedoch Teil Ihres Entwicklungsweges, auch mit solchen Energien umgehen zu lernen. Halten Sie ein und hören Sie offenen Herzens hin, sobald Energien wie Leid oder Zorn fühlbar werden. Die Versuchung, sich zu verteidigen, selbst wütend zu werden oder zum Gegenschlag auszuholen, ist natürlich groß. Vielleicht glauben Sie, der andere will Sie herabsetzen oder Ihnen die Schuld geben. Das Gefühl des Getrenntseins entsteht häufig dann, wenn man meint, sich verteidigen und seinen Stolz und seine Würde um jeden Preis schützen zu müssen.

Wenn Sie selbst leiden, möchten Sie doch auch, daß man Ihnen zuhört, Sie behutsam behandelt und versteht, warum Sie ärgerlich sind. Sie wollen nicht, daß sich der andere verteidigt oder abwendet. Und Sie wollen auch nicht, daß er auf Ihren Zorn ungehalten reagiert, sondern statt dessen begreift, daß Sie verletzt worden sind. Manche von Ihnen schreien den Gesprächspartner an, wenn sie glauben, verletzt worden zu sein. In Wirklichkeit wollen sie aber sein Verständnis und möchten ihn sagen hören: «Ja, ich sehe es ein. Es tut mir leid, daß ich dir weh getan habe.»

Wenn jemand seinen Ärger über Sie zum Ausdruck bringt oder Ihnen auf irgendeine Weise seine Zuneigung entzieht, lassen Sie nicht zu, daß seine Negativität Ihre Reaktion beeinflußt.

Wenn jemand zornig reagiert oder Ihnen wehtut, machen Sie sich bewußt, daß er in Wirklichkeit von Ihnen geliebt werden möchte. Er möchte keinesfalls, daß Sie sich abwenden, ungehalten und verletzt reagieren und sich verteidigen. Der ursprüngliche Grund spielt eigentlich keine Rolle. Der Betreffende erlebt nur seinen eigenen Schmerz, der gar nichts mit Ihnen zu tun hat. Obwohl er Sie vielleicht beschuldigt und erklärt, es liege alles nur an Ihnen, entstammt der Schmerz, für den er Sie verantwortlich macht, einem Bereich, in dem er sein Herz noch nicht geöffnet hat.

In dem Maße, wie Sie Ihre telepathischen Fähigkeiten ausbilden, werden Sie den Schmerz der anderen noch deutlicher spüren und deshalb wirklich aus dem Herzen heraus handeln wollen. Haben Sie einmal höhere Ebenen erreicht, werden Sie sehr viel Leid, Zorn und Negativität unter den Menschen erkennen. Aber es gibt auch viel Gutes. Sowie Ihnen die Energien Ihrer Umgebung bewußter werden, spüren Sie auch Ihre eigenen Kräfte immer deutlicher. Vielleicht entdecken Sie dabei Züge an sich, die Sie lieber ändern möchten. Verübeln Sie sich diese nicht, sonst wird Ihnen Ihre Seele nichts mehr enthüllen. Begreifen Sie statt dessen, daß Ihnen all das gezeigt wird, damit Sie das Licht des Bewußtseins und die Liebe des Herzens dort einlassen können.

Wenn man wütend auf Sie reagiert, halten Sie sich zurück. Sehen Sie ein, daß der andere keine bessere Methode kennt, über seinen Schmerz zu sprechen oder ihn loszuwerden. Falls er Sie beschuldigt und behauptet, Sie seien bösartig, Sie hätten ihn verletzt und seinen Kummer verursacht, haften Sie nicht an diesen Worten. Bedenken Sie, daß das Beschuldigen anderer seine einzige Möglichkeit darstellt, sein Leid zu bewältigen. Glauben Sie nicht, Sie seien dafür verantwortlich. Er trägt die Verantwortung für diese Gefühle selbst. Sie haben vielleicht als Auslöser gewirkt, aber der Schmerz war schon vorher da. Drückt er also seinen Ärger aus, verteidigen Sie sich nicht und beginnen Sie auch nicht, mit ihm zu streiten. Bleiben Sie einfach ruhig, bewahren Sie sich ein offenes Herz und richten Sie Ihre Liebe auf ihn.

Die Versuchung, ihm zu widersprechen, ist vielleicht sehr groß. Man möchte ihm sagen, daß er im Unrecht ist und daß man nicht so gehandelt hat, wie er behauptet. Halten Sie Ihre Zunge im Zaum, Sie werden später dankbar dafür sein. Gestatten Sie ihm, seine Energie zum Ausdruck zu bringen, ohne sich davon treffen zu lassen. Wenn er dann alles losgeworden ist, haben Sie immer noch Ihre liebevolle, gelassene Haltung bewahrt und können sich wohlfühlen. Damit haben Sie eine der schwierigsten Lektionen gemeistert – Sie haben angesichts von Schmerz und Zorn Ihr Gleichgewicht bewahrt.

Wenn es Ihnen schwerfällt, jemandem zu verzeihen, handeln Sie bei Ihrer nächsten Begegnung so, als wäre es sein letzter Tag auf Erden.

Dann könnten Sie ihm von Herzen begegnen, gleichgültig, was er tut. Sie wären großzügig, warmherzig und liebevoll. Vielleicht hat Ihnen Ihre Freundin weh getan. Auf dem Weg zu ihr stellen Sie sich vor, es wäre ihr letzter Tag auf Erden. Bedenken Sie, wie sehr Sie sie schätzen, was Sie von ihr erhalten haben, wieviel Liebe Sie Ihnen geschenkt hat. Wenn Sie wüßten, daß dies wirklich ihr letzter Tag ist, würde es Ihnen leicht fallen, jeglichen Schmerz loszulassen und von einer höheren Warte aus zu sehen. Auch beim nächsten Treffen tun Sie so, als ob es das letzte sein würde. Bemerken Sie, daß Ihnen die schönen Seiten dieser Frau auffallen – ihr Licht, ihr Wesen, ihre Liebe. Sehen Sie ein, daß es nicht ihre Absicht war, Ihnen weh zu tun, sondern daß sie aufgrund ihres eigenen Leides, ihrer Verwirrung oder mangelnden Klarheit so gehandelt hat. Vielleicht sind Sie versehentlich an einen «wunden Punkt» gekommen, und sie hat automatisch wie ein Roboter auf ein schmerzliches «Programm» in ihrem Inneren reagiert.

Sie *können* von dieser hohen Ebene ausgehen. Sie können jede Verbindung auf diese Ebene der Liebe verlagern. Stellen Sie sich vor, wie Sie sich den verschiedenen Menschen gegenüber verhalten würden, wenn Sie wüßten, daß Sie sich nur noch ein einziges Mal sehen könnten. Wissen Sie, daß Sie jemandem nicht mehr begegnen werden, können Sie ihm auch telepathisch eine Botschaft der Liebe und des Verzeihens senden. Stellen Sie sich vor, Sie haben nur noch einen Tag zur Verfügung, um all diese Verbindungen zu bereinigen. Auch wenn sich der andere zurückgezogen und Sie verlassen hat, laufen immer noch telepathische Botschaften hin und her, die Sie klären können. Ist jemand schon gestorben, zu dem Ihr Verhältnis getrübt war, können Sie ihm über Ihre Seele verzeihen. Diese Botschaft wird seine Seele erreichen.

Lassen Sie bei einer solchen Begegnung Ihren inneren Schmerz los. Finden Sie zu einem friedvollen Zustand. Sitzen Sie in Ruhe mit der Person zusammen, ohne alte Geschichten aufzuwärmen oder sich in Einzelheiten zu verlieren. Verweilen Sie in Frieden miteinander. Sagen Sie ihr, daß Sie ihre

Haltung verstehen und begriffen haben, daß sie Sie nicht verletzen wollte. Begegnen Sie ihr liebevoll, und der Schmerz wird sich auflösen.

Selbst wenn Sie fest beschlossen haben, von einem höheren, liebevolleren Standpunkt aus zu handeln, kann es sein, daß Ihnen das bei der ersten Begegnung mit einer bestimmten Person nur für kurze Zeit gelingt. Setzen Sie für sich eine begrenzte Dauer fest, die Sie auf der energetisch höheren Ebene verweilen wollen. Vielleicht können Sie Ihre neue Identität oder die Fokussierung Ihrer Liebe für etwa zehn Minuten aufrechterhalten. Wenn Sie mit jemandem Schwierigkeiten hatten und den ersten Versuch in Ihrer neuen Rolle unternehmen wollen, verbringen Sie beim ersten Anlauf nicht gleich vier oder fünf Stunden mit ihm. Sorgen Sie für ein kurzes Zusammentreffen von der Dauer, von der Sie wissen, daß Sie Ihre neue Sichtweise durchhalten können. Falls Sie mit dieser Person zusammenleben, suchen Sie sich Dinge, die Sie beschäftigen und von der Energie des anderen fernhalten, bis Sie sich bereit fühlen.

Haben Sie sich mit jemandem gestritten oder haben Sie ein ungutes Gefühl über eine Beziehung, versuchen Sie, für die nächste Begegnung einen Ort und eine Zeit zu wählen, die die Wahrung Ihrer liebevollen Haltung begünstigen. Sobald Sie bemerken, daß Sie sich wieder verschließen oder ärgerlich und verletzt reagieren, suchen Sie eine Entschuldigung, um zu gehen. Durch Übung wird es Ihnen immer leichter fallen, diese neue Haltung einzunehmen, und der Zeitraum, über den Sie sie bewahren können, wird ebenfalls länger. Schließlich wird es ein natürlicher, automatischer Vorgang. Sie werden allmählich ein neues, liebevolleres und höher entwickeltes Selbst in sich entdecken.

Mit Schmerz umgehen lernen

Übungsbogen

1) Wenn es etwas in Ihrem Leben gibt, weswegen Sie leiden, wenn Sie auf jemanden wütend sind oder jemand auf Sie böse ist, notieren Sie es hier.

2) Setzen Sie sich ruhig hin und bitten Sie Ihre Seele, Ihnen beizustehen. Erfüllen Sie Ihren Geist mit friedvollen Gedanken. Stellen Sie sich vor, wie Sie auf eine höhere, lichtere und friedlichere Ebene emporsteigen. Bitten Sie Ihre Seele, Ihnen zu zeigen, was Sie aus dieser Situation gelernt haben. (Sehen Sie dabei, daß der/die andere diese Rolle nur übernommen hat, um Sie etwas Wichtiges zu lehren.) Schreiben Sie hier Ihre Einsichten auf.

3) Stellen Sie sich vor, daß Ihr nächstes Zusammentreffen mit dieser Person auch Ihr letztes sein wird – möglicherweise sein/ihr letzter Tag auf Erden. Stellen Sie sich auch vor, daß Sie selbst der ruhigste, liebevollste, mitfühlendste und weiseste Mensch sind, den Sie kennen. Was würden Sie dem/der anderen sagen, um die Situation zu bereinigen und Liebe zwischen Ihnen entstehen zu lassen?

XII
Die Erschließung der Intuition

Was ist Intuition und wie funktioniert sie? Manchmal läßt sich das leichter erklären, indem man beschreibt, was sie *nicht* ist. Sie ist nicht wie der Verstand, der alles genauestens durchplant, und Intuition funktioniert auch nicht wie ein Computer nach dem Prinzip a + b + c = d. Die Gesetze der Logik, nach denen ein Computer arbeitet, gelten hier nicht. Intuition ist auch nicht dem Ego gleichzusetzen; sie wirkt nicht durch die Welt von Form und Struktur.

Intuition ist eine Art wortloses Wissen, die Fähigkeit, die Wahrheit ohne Erklärungen spüren zu können. Intuition wirkt jenseits von Raum und Zeit – sie ist ein Bindeglied zum Höheren Selbst. Sie ist auch nicht an den physischen Körper gebunden. Es ist ein Wissen, das Vergangenheit, Gegenwart und Zukunft gleichzeitig umfaßt. Sie nimmt die Wünsche Ihres bewußten Denkens auf, geht in die Zukunft voraus und findet einen Weg, sie zu erfüllen. Einsichten, Enthüllungen und inneres Drängen sind ihre Sprache. Sie drückt sich nicht wie der Intellekt aus, der da sagt: «Das muß ich morgen erledigen, es steht auf meiner Liste und es wäre gut, diesen Punkt abzuhaken.» Die Intuition erklärt statt dessen: «Würde mir das

Spaß machen? Das wäre eine großartige Sache, dazu habe ich heute Lust.» Häufig fühlt sich Intuition wie ein verspieltes Kind in Ihrem Inneren an, das Sie von Ihrer Arbeit weglocken und mit seinem Drängen in die Welt der Freude und des Spiels entführen will. Erstaunlicherweise können Sie in dieser spielerischen Welt all jene Antworten entdecken, nach denen Sie monatelang in mühevoller Kleinarbeit gesucht haben.

Die Intuition kann verschiedene Ideen blitzartig zusammenfügen. Genies wie Edison und Einstein arbeiteten auf einer Ebene sehr hoher, verfeinerter Intuition. Sie konnten ihre Ideen aus einem Bereich jenseits von Raum und Zeit beziehen. Intuition reicht über das Bekannte ins Unbekannte hinaus. Sie kann Ihnen helfen, Antworten und Informationen zu finden, die im Wissensspeicher anderer Menschen nicht enthalten sind. Sitz der Intuition ist das sechste Chakra (ein Energiezentrum hinter der Stirnmitte), dem man die Farbe Indigo oder Rotviolett zuordnet. Wenn Ihnen diese Farbe besonders gefällt, kann es sein, daß Sie sich gerade in diesem Bereich öffnen. Für jene unter Ihnen, die Ihr sechstes Chakra – das sogenannte dritte Auge – aktivieren, besteht die Herausforderung im Hören der intuitiven Eingebungen, um dann entsprechend zu handeln.

Wenn Sie Ihrer Intuition folgen, werden sich Ihnen viele Tore öffnen.

Innerhalb von Sekunden werden Ihnen vielleicht Problemlösungen zugänglich, an denen Sie jahrelang gearbeitet haben. Angenommen, Sie möchten Ihre Arbeit aufgeben, und der Intellekt meint ständig: «Wenn du weggehst, wirst du nicht überleben, du hast nicht genug Geld, das kannst du nicht tun.» Unterdessen sagt die Intuition: «Na gut, warum tust du nicht einfach so, als ob du's könntest – vielleicht geschieht ein kleines Wunder und es klappt alles wunschgemäß.» Zur Überbrückung der Kluft zwischen Intellekt und Intuition verwendet man am besten die Kraft des Herzens – Vertrauen und Glauben. Die Intuition wird Ihnen häufig Antworten geben, die nicht logisch erscheinen, und doch sind sie hilfreich, wenn Sie vertrauen und entsprechend handeln.

Wie können Sie Ihre Intuition entwickeln? Zuerst gilt es, ihr vertrauen zu lernen. Sie alle hören manchmal ein inneres Flüstern und haben Ihre Vorstellungen darüber, was Sie gerne wären oder tun würden. Jeder hat seine Vision von einem erfüllten Leben, doch nur wenige erlauben sich, dieser Vision in ihrer Phantasie nachzugehen, und noch seltener wird darauf vertraut, daß dies tatsächlich Realität werden könnte.

Lebt man zu sehr in der Welt der Intuition, birgt das auch Gefahren in sich. Die Intuition arbeitet in der Zukunft, so daß man durch zukünftige Ideen geblendet werden kann und die Gegenwart im Kontrast dazu banal und langweilig erscheinen mag. Zwischen physischer und geistiger Realität gibt es einen deutlichen Unterschied. Die physische Welt besteht aus langsameren Energien als die Welt der Intuition und der Gedanken. Mit Hilfe von Verstand und Intuition können Sie eine Idee blitzartig empfangen, sie bis zum Ergebnis durchdenken und in einem Augenblick schon durchlebt haben. Will man sie in die physische Realität umsetzen, dauert das wesentlich länger, denn die Welt der physischen Realität beinhaltet Form und Zeit. Es macht also oft viel mehr Spaß, Ideen durchzudenken, als sie wirklich in die Tat umzusetzen. Wenn Sie Ihre Intuition physische Realität werden lassen wollen, gilt es, Geduld, Vertrauen, Zuversicht, Zielstrebigkeit und Konzentration zu entwickeln.

Jeder besitzt die Fähigkeit, seine Intuition zu benutzen und seinen Eingebungen zu folgen. Manchmal weiß man schon, wer anruft, wenn das Telefon läutet. Das ist Intuition. Sie wissen auch, wie Sie sein möchten. Die Herausforderung ist nun, Handlungen, Worte, Geisteshaltung und Benehmen dieser Vision anzupassen. Sie werden Ihre wahre Kraft erleben, sobald Sie Ihren Eingebungen folgen.

Intuitives Handeln bringt Sie schneller ans Ziel.

Leben Sie nach intellektuellen Gesichtspunkten, haben Sie vermutlich immer eine Liste von Dingen, die Sie tun sollten. (Horchen Sie vor allem auf das Wort «sollen».) Vermutlich sind Ihre Tage, Wochen und Monate im voraus geplant. Und Sie wundern sich, warum Sie sich nicht frei und unbeschwert fühlen! Wahrscheinlich leben Sie zu sehr in der Welt des Intellekts. Intellekt und Intuition werden linker und rechter Gehirnhälfte zugeordnet. Die linke Gehirnhälfte ist jener Bereich, der Dinge auswendig lernt und in logischen, zeitorientierten Sequenzen vorgeht. Der rechten Gehirnhälfte ordnet man Intuition, Gefühle, Kreativität und Vorstellungsvermögen zu – die Welt jenseits der Worte.

Es reicht nicht aus, in der Welt der Intuition zu leben, denn auf diese Weise wird man nichts aus seinem Leben machen, außer Tagträumen nachzuhängen und mit großen Worten zu prahlen. Sie sind sicherlich schon Leuten begegnet, die ständig von ihren großartigen Visionen und Plänen erzählen, aber trotzdem in Armut leben und nichts verwirklicht haben. Es erfordert sehr viel Konzentration, Geduld, Willenskraft und eine klare Absicht, um eine Eingebung in die Tat umzusetzen. In der physischen Realität ist eine Idee in dem Moment, wo man sie empfangen hat, schon wieder gealtert. Deshalb ist es wichtig, jene Dinge zu schätzen, an denen man in der Vergangenheit gearbeitet hat, und sein früheres Selbst zu lieben. Alles ist bereits Vergangenheit, sobald es durch die Intuition ins Bewußtsein tritt, in dem Moment, wo Sie es wahrnehmen. Achten Sie Ihr früheres Selbst und lieben Sie Ihre Vergangenheit.

Viele Menschen neigen dazu, sich für Vergangenes herabzusetzen. Wenn sie z. B. an einem Buch schreiben, gefällt ihnen das, was sie vor einem Jahr geschrieben haben, vielleicht nicht mehr. Geht es um den beruflichen Aufstieg, blicken sie möglicherweise zurück und sagen sich: «Vor drei Jahren war ich nur...» Je mehr Sie Ihr vergangenes Selbst achten können, um so schneller werden Sie die Stimme Ihrer Intuition hören und in die Zukunft voranschreiten. Es ist schwierig, seine Eingebungen zu hören, wenn man sein ehemaliges Selbst nicht liebt. Die Intuition öffnet sich nämlich in dem Maße, wie man all das lieben kann, was man in der Vergangenheit geschaffen hat. Je mehr Sie Ihre Schöpfungen lieben, um so eher gelangen Sie auf eine höhere Ebene der Intuition.

Senden Sie liebevolle Energie in Ihre Vergangenheit.

Es ist wichtig, seine Erinnerungen ins reine zu bringen, denn sonst holt das Ego häufig ungewollte, negative Bilder der Vergangenheit hoch, die hemmend wirken. Überlegen Sie, welche Eigenschaften Sie in schwierigen Phasen entwikkelt haben, und machen Sie sich bewußt, daß Sie nach bestem Wissen und Gewissen gehandelt haben. Die Einsichten, Fertigkeiten und Anschauungen, über die Sie heute verfügen, sind damals entstanden.

Jede Lektion hat das Wachstum bewirkt, das den nächsten Schritt möglich machte. Wie oft denken Sie an die wunderbaren Dinge, die Ihnen gelungen sind? Sie haben ja bereits Erfahrungen zu verzeichnen, wo etwas ganz nach Ihrem Wunsch abgelaufen ist. Der Gedanke daran wird Ihnen helfen, auch jetzt wieder erfolgreich zu sein. Falls Sie sich nicht im einzelnen an diese Dinge erinnern, greifen Sie einfach auf Erfahrungen zurück, deren Gesamtergebnis positiv war.

Wenn Sie Ihre intuitiven Visionen in die Tat umsetzen wollen, müssen Sie zuerst das jeweilige Bild erfassen, verlangsamen und sich immer wieder vor Augen halten, um es dann geduldig auszuführen. In dem Moment, in dem Sie eine Eingebung empfangen haben, wird die Vision zur Erinnerung und somit Vergangenheit. Deshalb sollte man seiner Vergangenheit positiv gegenüberstehen, da Sie jene Vision enthält, die Sie jetzt Wirklichkeit werden lassen.

Denken Sie an all die Dinge zurück, die Sie nach Ihrer vom Verstand aufgestellten Liste tun «sollten». Sie können Wochen, Monate, ja sogar Jahre damit verbringen, auf der Verstandesebene die Zukunft vorauszuplanen und jeden Schritt zu durchdenken. Ein solcher Plan ist durchaus wertvoll, da er Ihnen das Vertrauen und den Glauben vermittelt, daß Sie Ihre Ziele erreichen werden. Am wichtigsten ist es aber, die Vision seiner Ziele ständig aufrechtzuerhalten. Gehen Sie zu streng nach Plan vor, verleugnen Sie allerdings den kreativen Energiefluß und die Kraft des Wunderbaren in Ihnen. Sie können das Gewünschte immer schneller und einfacher erreichen, wenn Sie der Intuition folgen. Sie kann Ihnen gerade durch das Spielerische all die Ziele und Visionen Ihres Intellekts und meist sogar noch mehr ermöglichen. Die Intuition wird Ihnen oft sagen: «Heute wird nicht gearbeitet; wie wär's mit einem Spaziergang im Wald? Oder ein Bummel durch die Buchläden, einfach etwas völlig Unproduktives tun!» Und siehe da, dann haben Sie am Ende des Tages eigentlich mehr in Hinsicht auf Ihr höheres Ziel erreicht, als wenn Sie einen Punkt Ihrer Liste erledigt hätten. Vielleicht sind Sie auf eine Idee gestoßen, durch die Sie Ihrem Ziel sechs Monate voraus sind – denn die Intuition wirkt in der Zukunft.

Viele Menschen wären lieber schon in der Zukunft als in der Gegenwart oder Vergangenheit. Aber vergessen Sie nicht: in die Zukunft zu sehen und eine Vision in die Gegenwart zurückzubringen ist eine Sache, dieser Vision gemäß zu handeln aber eine andere. Wenn Sie Ihre Visionen nicht umsetzen, werden Sie auch nie das Leben führen können, das Sie sich wünschen.

Die beste Methode zur Erschließung der Intuition ist – auf sie zu hören.

Wie oft haben Sie schon die Stimme der Intuition vernommen, sie aber überhört? Wie oft hat Ihnen diese leise Stimme z. B. schon verraten, was Sie beruflich gerne tun würden, während Sie ständig neue Begründungen dafür erfinden, es nicht zu tun? Wäre es nicht einfacher, Argumente zu erfinden, die das *befürworten?* Es erfordert wesentlich mehr Energie, sich zurückzuhalten, als endlich vorwärts zu gehen. Erinnern Sie sich, wie ausgelaugt Sie sich von negativen Gedanken fühlen – und wie belebend es wirkt, an Schönes zu denken.

Vielleicht möchten Sie Ihre Arbeit wirklich aufgeben und einem Hobby oder einem langgehegten Interesse nachgehen. Eine leise innere Stimme sagt Ihnen vielleicht, daß alles gutgehen wird, oder Sie hören von anderen Leuten, die auf diesem Gebiet ebenfalls erfolgreich waren, und treffen auf allerlei Hinweise, daß dies der rechte Weg wäre. Die Intuition führt mit Hilfe jener Dinge in die Zukunft, von denen Sie begeistert sind. Wenn Sie dieser Stimme folgen, werden Sie überall auf offene Türen stoßen. Wird Ihnen der Zutritt verwehrt, zeigt Ihnen das Universum damit, daß es noch einen besseren Weg gibt. Drücken Sie nicht mit Gewalt gegen verschlossene Türen – suchen Sie einfach nach den offenen.

Die Intuition spricht immer in der Gegenwart zu Ihnen. Es kann der Antrieb zu etwas Bestimmtem sein, ein Geistesblitz, eine Einsicht oder ein Gefühl, mit deren Hilfe Sie die Intuition in eine Richtung lenkt. Um sie hören zu können, achten Sie aufmerksam auf die innere Welt der Ideen und Gefühle. Wenn Sie sich zu einer Sache zwingen, während Ihre Gefühle Sie eigentlich zu etwas anderem drängen, hören Sie nicht auf die Intuition. Sie gibt Ihnen fortwährend Hinweise, die Ihnen in jedem Augenblick zeigen, was es zu tun gilt, um sich seine Kräfte zu erschließen. Sie verweist immer auf einen höheren Weg und führt zu größerer Lebendigkeit.

Ihr Intellekt wird häufig mit Ihrer Intuition im Widerstreit liegen. Wahrscheinlich hat man Sie gelehrt, dem Intellekt den Vorzug zu geben – durch Ihre Kultur, die Wissenschaft und die akademische Welt, die darauf ausgerichtet sind, einen rationalen, logisch denkenden Geist heranzubilden. Und doch sind viele der größten Erfindungen – Radio, elektrisches Licht, Fernsehen – aus einer Synthese von Intellekt und Intuition entstanden. Der Intellekt kann bei Ihnen sehr hoch entwickelt sein. Er dominiert sehr gerne. Manchmal fühlt er sich durch die Intuition bedroht. Ansichten wie: «Wenn es zu leicht geht, ist etwas nicht in Ordnung. Wenn ich nicht hart daran gearbeitet habe, sind die Ergebnisse nichts wert» sind Methoden, die der Intellekt dann einsetzt, um weiterhin die Kontrolle zu bewahren.

Arbeiten Sie aus der Sicht Ihrer Intuition, und alles geschieht mit Leichtigkeit.

Der Intellekt liebt es, auf logische Weise zu planen, während die Intuition spontan vorgeht. Beweglichkeit ist ein entscheidender Faktor. Beharren Sie auf vorhergeplanten Zielen, entgehen Ihnen unter Umständen viele intuitive Hinweise, die Ihnen eine einfachere Möglichkeit aufzeigen würden. Sobald Sie bemerken, daß Sie einer Sache Widerstand leisten, halten Sie inne und fragen Sie sich, was Sie statt dessen lieber tun würden. Vielleicht haben Sie noch nicht den besten Weg gefunden, oder es ist nicht der richtige Zeitpunkt. Wenn Sie Ihren Gefühlen vertrauen und danach handeln, werden Sie im Strom der Intuition mit dem Universum fließen.

Der Intellekt hat durchaus seinen Platz. Er dient dazu, Pläne zu entwerfen, Entscheidungen zu treffen und Dinge in die Tat umzusetzen. Der Intellekt gleicht dem Kapitän eines Schiffes, der seine Karten studiert, die Planung macht und das Schiff steuert. Aber das Wetter und der Ozean bestimmen in Wirklichkeit den Kurs; der Kapitän muß flexibel sein und darf seine Pläne nur als Richtlinien verwenden. So steuern Sie Ihr Schiff mit Hilfe des Intellekts. Die Intuition weist Sie auf nahende Stürme und Umwege hin (die sich dann als Abkürzung erweisen). Sie überwacht die zukünftige Route, die Sie Ihrem höheren Wohl zuführen soll. Verwenden Sie den Intellekt, um sich ein Ziel zu setzen und es anzusteuern. Richten Sie Ihren Willen und Ihre Absicht darauf, auf höhere Ebenen zu gelangen – das ist die beste Verwendungsmöglichkeit für den Intellekt, der Sie auf Kurs hält, Ziele festsetzt und mit der Welt in Beziehung tritt. Die Intuition wird Sie dann auf dem besten, einfachsten und schnellstmöglichen Weg hinführen – wenn Sie Ihren Gefühlen, Ahnungen, dem inneren Antrieb und Ihren Herzenswünschen Folge leisten.

Nehmen wir noch einmal das Beispiel der Person, die eine neue berufliche Laufbahn anstrebt. Wenn sie einfach loslassen und das neue Bild nähren würde, würde die Intuition sie hinführen. Eines Tages gibt sie ihrer spielerischen Laune nach und geht spazieren. Dabei begegnet sie vielleicht einem bestimmten Menschen oder entdeckt eine Idee, die den Ausgangspunkt darstellen könnte. Der Intellekt dagegen hätte versucht, einen logischen Ablauf zu konstruieren und sähe keine andere Möglichkeit, ein Ziel zu erreichen. Es erfordert sehr viel Vertrauen, seinen Gefühlen und Eingebungen zu folgen, denn die Intuition zeigt meist nur den nächstliegenden Schritt.

Sie können sich Ihre Intuition erschließen, indem Sie lernen, auf Ihre Gefühle zu hören und entsprechend zu handeln. Wenn Sie den Drang verspüren, etwas Bestimmtes zu tun, dann tun Sie es. Zwingen Sie sich nicht, eine Arbeit anzunehmen, die Sie nicht mögen – hören Sie auf Ihre Eingebungen. Öffnen Sie sich neuen Möglichkeiten, sich Ihren Lebensunterhalt zu verdienen. Vielleicht müssen Sie einen richtigen Vertrauenssprung wagen, um Ihren Gefühlen Folge zu leisten. Erinnern Sie sich an die Zeiten, in denen Sie einem inneren Antrieb gefolgt sind, ihn in die Tat umgesetzt haben und über den Erfolg erstaunt waren.

Es erfordert viel Vertrauen und Zuversicht, seiner Intuition nachzugeben. Um diese Eigenschaft stärker zu entwickeln, versetzen Sie sich in solche Zeiten zurück, in denen Sie an sich geglaubt haben, die innere Stimme hören konnten und ihre Anweisungen ausgeführt haben. Intuitives Handeln erfordert Spontaneität und Beweglichkeit. Auch hier kann Ihnen die Erinnerung weiterhelfen – erinnern Sie sich, wie Sie Ihre Pläne einmal losgelassen haben, flexibel geblieben sind und das Ergebnis viel besser als erwartet ausgefallen ist. Möchten Sie Ihre Leistungsfähigkeit erhöhen, hören Sie auf die innere Stimme und setzen Sie ihre Anweisungen in die

Tat um. Erlauben Sie sich zu spielen. Tun Sie die Dinge, die Sie schon immer tun wollten. Seien Sie wieder Kind. Sorgen Sie für Spaß in Ihrem Leben, und Sie werden feststellen, daß Ihre Kreativität erwacht und fließt wie nie zuvor.

Übungsbogen

1) Notieren Sie drei Ereignisse aus Ihrer Vergangenheit, wo Sie der Intuition gefolgt sind – also einem Gefühl, einer Ahnung oder einem Antrieb nachgegeben haben – und das Ergebnis positiv war:

2) Notieren Sie hier zumindest drei Dinge, die Ihnen Ihre innere Stimme immer wieder zugeflüstert – oder vielleicht schon laut zugerufen hat –, die Sie tun sollten. Dabei handelt es sich möglicherweise um Kleinigkeiten, aber auch um größere Dinge.

3) Überlegen Sie jeweils, welchen Schritt Sie tun können, um diese Dinge zu verwirklichen.

4) Zeichnen Sie im Kalender den Tag an, an dem Sie diesen Schritt unternehmen werden.

XIII

Das Gemüt, der innere Dialog und Ihre persönliche Ausstrahlung

Ihr Verstand sendet sehr intensive Energien aus. Er bestimmt, wie Sie die Welt erleben und was Sie erschaffen. Gedanken wirken magnetisch, sie gehen von Ihnen aus und ziehen die Dinge an, über die Sie nachdenken. Ihr innerer Dialog ist also bedeutsam, denn die Art, wie Sie mit sich sprechen, bestimmt, welche Ereignisse, Menschen und Dinge Sie anziehen. Wollen Sie mehr Licht und Freude in Ihr Leben bringen, ist es wichtig, die Worte und Gedanken mit Bedacht zu wählen. Ihre Gedanken erschaffen Realität. Sie gehen in die Welt hinaus und beeinflussen andere Menschen. Wenn Sie sich auf höhere Energiebereiche zubewegen, werden Sie wünschen, die Qualität Ihrer Gedanken zu verbessern. Wird Ihr Denken reiner, gütiger und liebevoller, wird sich der Magnetismus Ihres Körpers verändern und mit den höheren Ebenen des Universums in Resonanz treten.

Machen Sie den Anfang, indem Sie Ihren inneren Dialog beobachten. Beschuldigen Sie sich häufig? Sind Sie der Ansicht, daß Sie sich nicht genügend anstrengen?

Versuchen Sie immer, alles schnell zu erledigen, sich zu beeilen und selbstauferlegte, unvernünftige Termine einzuhalten? Versuchen Sie ständig, anderen alles recht zu machen, in dem Glauben, es sei Ihre Schuld und Ihr Versagen, wenn jemand unglücklich ist? Sind Sie eher kritisch und suchen überall die Fehler, anstatt das Gute zu sehen? Sehen Sie meist auf das, was nicht in Ordnung ist und was nicht funktioniert? Konzentrieren Sie sich auf das, was fehlt und fehlerhaft ist, oder auf die positiven Dinge?

Den inneren Dialog kontrollieren lernen heißt, den Verstand dazu zu bringen, daß er einem gehorcht – und nicht umgekehrt. Es bedeutet auch, seine Gedanken bewußt zu wählen und sich nicht von Gedanken bestimmen zu lassen, die beliebig auftauchen. Eines der Ziele der Evolution besteht darin, den Verstand unter die Herrschaft der Seele zu stellen. Indem Sie Ihren inneren Dialog beobachten, sich selbst lieben und sich all Ihre Fehler vergeben (die man am besten als Lernerfahrungen deutet), heben Sie das Niveau Ihres Denkens. Achten Sie auf die Worte, die Sie verwenden, und wie Sie sich dabei fühlen.

Das Wiederholen ausgesuchter, liebevoller Worte erhöht die Schwingung Ihrer Gedanken.

Gelingt es Ihnen nicht, sich über längere Zeit auf einen bestimmten Gedanken zu konzentrieren, sorgen Sie sich deshalb nicht. Es erfordert viele Jahre ständiger Beobachtung und zielgerichteter Absicht, um den Geist in Stille und Konzentration zu versetzen. Jedesmal, wenn es Ihnen gelingt, sich auch nur für einen Moment auf eine höhere Idee oder einen Gedanken zu sammeln, gratulieren Sie sich. Erinnern Sie sich möglichst oft daran, Ihre Aufmerksamkeit auf Höheres zu richten. Suchen Sie Worte, die Ihnen Wohlbefinden vermitteln, wenn Sie sie innerlich sagen.

Sobald Sie bemerken, daß Sie ängstlich oder deprimiert sind, verwenden Sie positive Begriffe, um Ihre Energie anzuheben. Das sind die Worte der Seele. Sie brauchen nicht einmal Sätze zu bilden. Wiederholen Sie innerlich einfach Wörter wie LIEBE, KLARHEIT, WILLE, ABSICHT. Sagen Sie sich: «ICH BIN STARK, GROSSZÜGIG, LIEBEVOLL, HINGEBUNGSVOLL, WOHLHABEND, STRAHLEND, LICHT, BEGEISTERT, FRIEDFERTIG, RUHIG, GELASSEN.» Denken Sie an all die schönen, inspirierenden Begriffe, die Sie kennen. Sie brauchen keine Feststellungen daraus zu formulieren, um die tieferen Schichten Ihres Wesens zu erreichen. Wenn Sie das Wort FRIEDE aussprechen, öffnen Sie sich der Schwingung des Friedens, die im Geist von Millionen von Menschen auf der ganzen Welt vorhanden ist. Sie verbinden sich mit friedfertigen Gedanken und Ereignissen, denn in der äußeren Welt gibt es viel derartige Energie, auf die man sich einstimmen kann.

Verwenden Sie positive, ausgewählte Worte, wenn Sie mit sich selbst sprechen, wie MÜHELOS, INSPIRIERT und KREATIV. Setzen Sie solche Worte bewußt ein. Falls Sie sich einmal unwohl fühlen, wiederholen Sie diese Begriffe einfach, und Ihre Gedanken werden sich verändern.

Im Gespräch mit sich sollten Sie die Worte verwenden, die die Gegenwart anzeigen. Anstatt zu sagen: «Eines Tages werde ich . . .», sagen Sie: «Ich bin jetzt . . .» Das Gemüt nimmt nämlich alles, was Sie sich selbst sagen, wörtlich. Wenn Sie also sagen: «Ich werde glücklich sein», nimmt es das wörtlich und bewirkt das Gewünschte eben nicht als etwas Gegenwärtiges, sondern als ein Erlebnis der *Zukunft.* (Was bedeutet, daß Sie es nie erleben werden!) Verpacken Sie Ihre Wünsche also nicht in Zukunftsformulierungen. Sprechen Sie davon, als ob Sie das Gewünschte schon hätten: «Ich liebe mich jetzt, so wie ich bin. Ich bin jetzt glücklich. Ich habe jetzt genug Geld. Ich kenne meinen Seelengefährten bereits.» Es ist vielleicht noch nicht wahr, während Sie es aussprechen, aber es wird bald eintreffen.

Wenn Sie sich sagen: «Ich bin nicht gut genug», wird das Gemüt diese Feststellung ernstnehmen und äußerliche Ereignisse herbeiführen, in denen Sie sich als unzulänglich erweisen. Bedenken Sie, daß Ihnen täglich zwischen 40 000 und 50 000 Gedanken durch den Kopf gehen. Wenn es Ihnen gelingt, nur 2000 davon in Gedanken der Liebe, des Lichts, der Fülle und Freude zu verwandeln, wird sich Ihr Leben rapide verändern. Innerhalb eines Monats wird es völlig anders aussehen. Es erfordert keine allzu große Zahl hoher, liebevoller Gedanken, um seine Erfahrungswelt zu wandeln, denn solche Impulse sind wesentlich stärker als niedrigere Gedanken.

Sprechen Sie von den Eigenschaften, die Sie anstreben, so als ob Sie sie bereits hätten.

Wenn Sie ordentlich sein möchten, beginnen Sie mit dem Satz: «Ich bin jetzt ordentlich», anstatt zu sagen: «Ich werde ordentlich sein.» Durch die Benutzung höherer Begriffe verändern Sie Ihre Aura, Ihre Gefühle und den Gesundheitszustand Ihres physischen Körpers. Sie fühlen sich dadurch nicht nur besser, sondern stimmen sich auch auf Leute ein, die ebenfalls von solchem Gedankengut erfüllt sind. So bewirken Sie Ereignisse in Ihrem Leben, die mehr Fülle, Liebe, Freude und Frieden bringen.

Beobachten Sie, ob Sie die Worte *sollen* und *müssen* häufig verwenden. Sprechen Sie mit sich meist in diesem Ton? Das erzeugt Widerstand und bewirkt das Gegenteil von dem, was Sie beabsichtigen. Sprechen Sie mit sich wie ein(e) ärgerliche(r) Vater/Mutter, oder haben Sie eine liebevolle Stimme in sich, die Ihnen hilft, mit Ihren Energien zu fließen? Wenn Sie sich dabei ertappen, daß Sie etwas tun *müssen*, suchen Sie nach einer sanfteren, freieren Ausdrucksweise, so daß es eher einem Vorschlag als einem Befehl gleichkommt.

Die Arbeit an Geist und Gemüt ähnelt der Zähmung eines Wildpferdes. Zuerst rebelliert er wahrscheinlich. Wenn Sie Konzentration zu erlangen versuchen, lenkt er Ihre Gedanken möglicherweise auf unzählige Abwege, nur nicht auf das, worauf Sie sich konzentrieren möchten. In dem Maße, wie Sie Ihren Verstand der Führung der Seele unterstellen, werden Sie erkennen, daß Ihre Gedanken jeden Menschen in Ihrer Umgebung entweder fördern oder behindern, je nachdem, woran Sie denken. Die Gedanken, die Sie aussenden, können entweder für oder gegen Sie arbeiten. (Dasselbe gilt auch für Ihre Mitmenschen.) Angenommen, Sie sprechen von jemandem, der gerade nicht zugegen ist, und kritisieren seine Fehler. Bedenken Sie, daß diese Person auf telepathischem Wege hören kann, was Sie sagen, auch wenn sie körperlich nicht anwesend ist. Vielleicht weiß der Betreffende nicht, woher es kommt, aber er wird sich weniger stark fühlen und mit sich selbst unzufrieden sein. Außerdem werden Sie die Kritik anderer auf sich ziehen, die an Sie denken.

Aufgrund der Gedanken, mit denen Sie Ihren Geist erfüllen, können Sie die Energie Ihrer Mitmenschen steigern oder schwächen. Je klarer Sie Energien wahrnehmen können, um so stärker ist auch Ihr Einfluß auf sie. Gedanken arbeiten mit sehr subtilen Kräften. Ob Sie nun völlig unbekannt oder sehr berühmt sind – Ihre Gedanken haben dieselbe Wirkung auf die Menschheit. Viele große Wesen z. B. haben sich für ein Leben in Anonymität entschieden. Sie selbst haben vielleicht das Gefühl, daß Sie etwas Besonderes seien, eine wichtige Mission zu erfüllen haben und trotzdem nicht auf eine Weise lebten, die dieser Vorstellung gerecht wird. Es existiert bei Ihnen ein kollektives Gedankenmuster, das besagt, eine wichtige Mission zu haben bedeute gleichzeitig, berühmt werden zu müssen. Viele hoch entwickelte Seelen, die große Aufgaben zu erfüllen haben, tun das unerkannt. Möglicherweise ist Ihre Aufgabe auf einen kleinen Freundeskreis bezogen oder sie besteht darin, eine Familie zu gründen. Der Wert der Arbeit, die Sie hier auf Erden leisten, kann Ihnen nicht bewußt werden, wenn Sie ihn mit den Maßstäben Ihrer Persönlichkeit (die nur die *Form* beurteilt) messen und sich nach den Vorstellungen anderer oder nach gesellschaftlichen Normen richten. Nur durch die Augen Ihrer Seele können Sie sehen, welchen Einfluß Ihr Leben auf die Menschheit hat.

Durch Ihre eigene Fortentwicklung ebnen Sie jenen den Weg, die noch einen Schritt hinter Ihnen sind.

Ein Großteil des wahrhaft bedeutsamen Wirkens für die Menschheit geschieht im telepathischen Bereich, indem hohe Gedankenschwingungen geschaffen werden – etwas, das keinerlei öffentlicher Anerkennung bedarf. Jedes Wesen, das seine/ihre nächsthöhere Stufe erklimmt, erleichtert jenen den Weg, die nachfolgen. Wenn Sie positive Gedanken wahren, Ihre Lektionen lernen und mehr Liebe und Frieden ausstrahlen, leisten Sie für die Menschheit einen wertvollen Beitrag. Durch die Ausstrahlung solcher Gedanken beeinflussen Sie viele andere Leute. Glauben Sie nicht, man müßte berühmt sein, im Fernsehen auftreten oder Bücher schreiben, um tatsächlich auf andere einzuwirken. Manche Menschen lernen ganz bestimmte Dinge, und sobald sie sich diesen Teil des universellen Bewußtseins erschlossen haben, öffnet ihre Lernerfahrung der gesamten Menschheit eine

Pforte. Jeder Bereich, in dem Sie höhere, weisere und liebevollere Gedanken entwickeln, stellt einen solchen Beitrag dar.

Da sind z. B. jene Wesen, die die große Vision des Friedens für diesen Planeten wahren, so daß allen Menschen, die an Frieden denken, auch ein Bild des Friedens zugänglich ist. Diese Wesen führen ein sehr abgeschiedenes Leben. Sie sind sehr sanft und liebevoll, leben allein und völlig unerkannt, häufig in ganz abgelegenen Gegenden. Alles, was sie tun, besteht im Aufrechterhalten dieser Friedensvision. Jeder, der sich nach Frieden sehnt, kann sich in diese Vision einstimmen. Viele von Ihnen beeinflussen die Erde durch ihre persönliche Ausstrahlung auf eine Weise, von der Sie keine Ahnung haben.

Ihre Gedanken sind wie ein Magnet. Die gedankliche Ebene, auf der Sie sich bewegen, bestimmt nicht nur, was Sie anziehen, sondern auch, was Sie beeinflussen. In dem Maße, wie Sie sich höheren Gedanken widmen, stellen Sie den Kontakt mit den höheren Ebenen und Mächten des Universums her. Je mehr Ihr Geist den höheren Ebenen zuneigt, um so mehr Licht kann zu Ihnen kommen. Widmen Sie sich aber düsteren Gedanken wie Furcht und Schmerz, ziehen Sie gleichartiges Gedankengut aus dem Universum an. Dadurch erscheint Ihnen das Emporsteigen vielleicht schwieriger, denn Sie verbinden sich mit Menschen, die auf einer niedrigeren Ebene denken und handeln.

Obwohl Ihre Gedanken Realität erschaffen – bevor Sie nicht eine bestimmte Ebene der Selbstliebe und der geistigen Meisterschaft erreicht haben, liegt noch ein Schleier zwischen den Gedanken und ihrer Möglichkeit, sich zu manifestieren. Sie haben sich gewiß schon gefragt, warum Ihre Gedanken nicht immer gleich das Gewünschte bewirken. Vielleicht stellen Sie sich laufend vor, daß Ihr Körper schlank ist, und trotzdem reagiert er einfach nicht entsprechend. Sie wundern sich also, warum Ihre Gedanken diese «schlanke» Realität nicht manifestieren.

Haben Sie jedoch zu Ihrem Körper kein liebevolles Verhältnis, wäre es Ihnen bestimmt nicht recht, wenn sich jeder Gedanke in dieser Hinsicht sofort verwirklicht. Zwischen dem Gedanken und seiner Manifestation wird so lange ein Schleier vorhanden sein, bis sich Ihre Vorstellungen dort zum Positiven hin gewandelt haben. Sie können z. B. lernen, Ihren Körper auf liebevollere Weise zu betrachten. Werden Sie aufmerksam dafür, ob Sie Ihren Körper ablehnen oder lieblos mit ihm umgehen, und entwickeln Sie echte Annahme. Sobald Sie Ihrem Körper gegenüber eine liebevolle Haltung einnehmen können und ihn akzeptieren, wird es Ihnen gelingen, schlanker zu werden, denn es sind keine negativen Bilder mehr vorhanden, die Schaden anrichten könnten.

Würde sich jeder Ihrer Gedanken sofort verwirklichen, könnten Sie das gar nicht bewältigen. Ihr Leben würde sich zu rasch verändern. Ihr Zuhause wäre jeden Tag anders, und Ihre Welt würde nicht mehr funktionieren, wenn sich alles mit der Geschwindigkeit Ihrer Gedanken änderte. Deshalb existiert dieser Schleier zwischen Ihnen und der Manifestierung Ihrer Gedanken. Die Verwirklichung Ihrer Gedanken wird Ihnen dort schneller gelingen, wo sie liebevoll und weit genug entwickelt sind. Haben Sie jedoch die lieblosen Gedanken in einem Bereich noch nicht gemeistert, wäre deren Manifestation von sehr destruktiver Wirkung. Wenn Sie etwas zu erreichen versuchen und es mißlingt Ihnen, dann überprüfen Sie, wie Ihre Gedankenwelt in diesem Lebensbereich aussieht. Ersetzen Sie jeden negativen Gedanken, den Sie entdecken, durch einen höheren.

Sie sind nach allen Richtungen hin mit anderen in der sogenannten «Geistigen Bruderschaft» der Menschheit verbunden. Ein Ziel Ihrer Seele besteht darin, Ihren Verstand und

Geist in einen höheren Schwingungsbereich zu bringen. Nicht die Gedanken aus der Menschenwelt, sondern jene aus höheren Realitätsebenen helfen Ihnen dabei. Wenn Sie Ihre Gedanken müßig zu anderen Leuten schweifen lassen, werden Sie jeden Gefühls- oder Gemütszustand anziehen, in dem sich der andere jeweils befindet. Verspürt er Schmerz, ziehen Sie auch diesen Schmerz an. Deshalb ist es wichtig, im Gedanken an andere Liebe auszustrahlen. Auf diese Weise sind Sie nicht für deren Ausstrahlung empfänglich. Wenn Sie bemerken, daß jemand in Ihren Gedanken auftaucht, senden Sie ihm Liebe und lassen Sie dann los. Verweilen Sie gedanklich nicht bei seiner Situation oder bei dem, was in seinem Leben geschieht, denn sonst ziehen Sie seine Realität in die Ihre hinein.

Sie können Ihre Gedanken kontrollieren.

Sie können Ihr Gemüt so schulen, daß es jeden Gedanken gezielt auswählt und nicht nur beliebige Impulse aufsteigen läßt, die dann von Ihnen Besitz ergreifen. In einem geschulten Geist trifft man nur auf Gedanken, die bewußt ausgewählt und «eingeladen» worden sind. Negative Gedanken lassen sich vermeiden, indem man ihnen immer und immer wieder den Zutritt verweigert. Man kann lernen, sie durch höhere Gedanken und Worte zu ersetzen und auf jene zu verzichten, die man nicht will.

Zur Schulung des Geistes eignen sich verschiedene Techniken. Wählen Sie einen Gegenstand – eine Blume, einen Kristall oder eine Kerze – und konzentrieren Sie sich eine Minute lang darauf. Tauchen andere Gedanken auf, stellen Sie sich vor, daß diese vorbeiziehen, während Sie sich weiter auf den Gegenstand konzentrieren. Indem Sie die Gedanken nicht einfach schweifen lassen, schulen Sie Ihren Verstand, an das zu denken, woran Sie denken *wollen*. Gehen Sie spielerisch vor. Stellen Sie fest, wie lange Sie Ihre Aufmerksamkeit halten können. Versuchen Sie, die Dauer dieser ungebrochenen Konzentration von einer Minute auf fünf auszudehnen.

Beim nächsten Schritt betrachten Sie wieder denselben Gegenstand, schließen dann die Augen und lassen ihn vor Ihrem inneren Auge in allen Einzelheiten wiedererstehen – die Farbe, Beschaffenheit, das Wesen dieses Objekts. Das hilft Ihnen, besser zu beobachten und schult die Genauigkeit des inneren Sehens, denn oft sieht man etwas Bestimmtes, während der Verstand erklärt, man hätte etwas anderes wahrgenommen. So entwickeln Sie auch die Fähigkeit, ein Bild beständig im Geist zu halten. Wechseln Sie hin und her, indem Sie die Augen öffnen und schließen, bis Sie die Blume oder den Gegenstand «fühlen» können, als wäre er in Ihrem Inneren genauso real wie vor Ihren Augen. Diese Übung wird Ihnen helfen, das, was Sie vor Ihrem geistigen Auge sehen, auch in der äußeren Welt wahr zu machen. Wenn Sie bestimmen, daß Sie die Schönheit in Ihrer Umgebung sehen werden und auf das Schöne zu achten beginnen, wird Ihnen bald überall Schönheit begegnen, auch dort, wo Sie sie vorher noch nicht wahrgenommen oder erlebt haben.

Ein geschultes Gemüt bringt Ruhe der Gefühle und inneren Frieden hervor, indem es sich auf höhere Ideale, Weisheit und Liebe ausrichtet.

Eine weitere Möglichkeit, sein Gemüt zu erziehen, besteht darin, den Gedankenfluß (zunächst nur kurze Zeit, ein bis fünf Minuten) zu beobachten. Ein untrainierter Geist wird seine Aufmerksamkeit leicht von jedem beliebigen Gedanken gefangennehmen lassen, der gerade auftaucht. Er folgt den Impulsen und Launen des Augenblicks, einem Wink des Universums oder den Dingen, die einfach kommen und gehen. Viele Gedanken werden durch von außen gelenkte Reize wie Fernsehen, Telefonanrufe oder Ihre Umgebung ausgelöst. Auch Gedanken an andere Menschen und telepathische Verbindungen können als Auslöser wirken. Ziel ist es, eine innere Ausrichtung zu entwickeln, so daß Sie entscheiden, woran Sie denken wollen, anstatt Ihre Gedanken von den Geschehnissen in Ihrer Umgebung bestimmen zu lassen. Ein ungeschulter Geist klettert die Emotionsskala auf und ab, je nach den Gedanken, die ihn gerade durchströmen.

Bevor Sie höhere Botschaften empfangen können, muß das innere Geschwätz zur Ruhe kommen. Wenn es Ihnen gelingt, diesen inneren Dialog für eine Sekunde zum Schweigen zu bringen, innere Ruhe zu fühlen und keinen Gedanken nachzuhängen, schaffen Sie eine Öffnung, durch die eine höhere Schwingung eindringen kann. Machen Sie sich allmählich bewußt, daß Sie *nicht* Ihre Gedanken *sind.* Was Sie erleben, ist oft nur das Ergebnis Ihres inneren Dialogs.

Ihr Gemüt gleicht einem komplexen Antennensystem, das sich in alle Richtungen ausdehnt. Die Gedanken kommen und gehen sehr schnell und werden oft von äußeren Quellen angeregt, bis Sie lernen, sie der Führung und Kontrolle Ihrer Seele zu unterstellen. Sehen Sie, wie plötzlich aus heiterem Himmel irgendein Gedanke auftauchen kann. Das geschieht oft nur, weil Sie die Gedanken der Leute auffangen, mit denen Sie in Verbindung stehen. Es wäre gut, wenn Sie aufhören würden, *automatisch* auf Ihre eigenen Gedanken – und somit auf die anderer – zu reagieren. Sie können einen Anfang machen, indem Sie Ihre Aufmerksamkeit auf Höheres richten, den inneren Dialog beobachten und jeden Gedanken, der nicht dem gewünschten Niveau entspricht, durch einen höheren, liebevolleren ersetzen.

Sie können die Energien, die zwischen Ihnen und einem beliebigen Menschen fließen, durch positive Worte verändern.

Eine weitere Übung zur Schulung des Geistes läßt sich spielerisch mit Freunden oder anderen nahestehenden Menschen durchführen. Beobachten Sie, welche Zeitform der andere im Gespräch verwendet. Redet er in der Vergangenheit, Gegenwart oder Zukunft? Verwendet er Worte, die ermunternd wirken, oder läßt er eher die niedrigen Saiten in Ihnen anklingen? Flechten Sie positivere Begriffe ins Gespräch ein. Sie können Ihr eigenes Licht wachsen fühlen und Ihre innere Freude vermehren, wenn Sie jemandem z. B. ermutigende Worte sagen. Wollen Sie die Energie des anderen anheben, verwenden Sie höhere, liebevolle Begriffe und beobachten Sie, welche Veränderung sich bei ihm und bei Ihnen selbst ergibt. Das Aussprechen dieser Worte ist heilsam, und Sie vermeiden gleichzeitig den Einfluß einer niedrigeren telepathischen Ebene.

Ihr Geist wird allmählich mit den Tausenden anderer Wesen mitschwingen, deren Gedanken auf hohe Ziele ausgerichtet sind. Sie werden bemerken, wie Ihre Kraft und Klarheit zunehmen. Wenn Sie jemanden sagen hören: «Das ist eine *furchtbare* Welt» und das nicht als Teil Ihrer Realität annehmen wollen, ersetzen Sie das einfach durch andere Worte, z. B. «Die Welt ist ein *erfreulicher* Ort». Benutzen Sie Ihren Verstand, um die negativen Begriffe auszulöschen, die Sie von anderen hören, um sie durch höhere, feinere und liebevollere zu ersetzen. Sie werden feststellen, daß sich Ihre

Art, die Welt zu spiegeln, dadurch verändert und Sie zum Spiegel für höheres Gedankengut werden, das auch anderen zugänglich wird. Bedenken Sie – wenn Sie diese Methode verwenden, werden Sie anderen als so licht und angenehm erscheinen, daß man Ihre Gesellschaft suchen wird.

Im Beisammensein mit anderen sollten Sie einmal versuchen, Ihre Gedanken auszuschalten, selbst wenn es nur für wenige Augenblicke ist. Achten Sie darauf, nicht zu reagieren, zu urteilen oder innerlich zu kommentieren, was der andere sagt. Überlegen Sie auch nicht, wie Sie ihm helfen oder antworten könnten, sondern hören Sie ganz ruhig zu. Auf diese Weise werden Sie vieles erfassen können, was hinter dem Gesagten liegt – z. B. Gefühle, Vorstellungen und Bilder. Machen Sie ein vergnügliches Spiel aus dieser Übung.

Sie können Ihre Gedanken, den inneren Dialog und Ihre persönliche Ausstrahlung meistern. Verneinen Sie negative Gedanken, die auftauchen, immer wieder. Ersetzen Sie sie durch höhere. Richten Sie Ihr Gemüt auf Höheres aus, gleichgültig, was um Sie herum vorgeht. Nehmen Sie sich die Zeit, Ihre Konzentrationsfähigkeit zu entwickeln, zähmen Sie Ihren Verstand und machen Sie ihn sich zum Freund. Wenn Sie das tun, werden Sie für Ihre Mitmenschen zur Quelle des Lichts und der Liebe.

Das Gemüt, der innere Dialog und Ihre persönliche Ausstrahlung

Übungsbogen

1) Finden Sie für jeden Buchstaben des Alphabets den/die hochstehendsten Begriff(e), die Ihnen einfallen.

A	J	R
B	K	S
C	L	T
D	M	U
E	N	V
F	O	W
G	P	X
H	Q	Y
I		Z

2) Beobachten Sie, wie Sie sich fühlen, nachdem Sie diese hohen Begriffe niedergeschrieben haben. Ein Spiel beim Autofahren: Bilden Sie mit den Buchstaben, die Sie auf den Nummernschildern anderer Autos sehen, hochstehende Begriffe.

3) Wählen Sie einen Gegenstand, z. B. eine Blume oder einen Kristall, auf den Sie sich eine ganze Minute lang konzentrieren. Alle anderen Gedanken lassen Sie einfach vorüberziehen. Stellen Sie fest, wie leicht/schwer es Ihnen gefallen ist, Ihren Geist für diese Zeitdauer einzielig auszurichten.

4) Versuchen Sie jetzt, sich denselben Gegenstand mit geschlossenen Augen genau vorzustellen.

XIV
Weisheit – Die Einstimmung auf das Höhere Selbst

Weisheit hilft Ihnen, mit Ihrer energetischen Wahrnehmungsfähigkeit umzugehen. Allmählich werden Sie begreifen, daß alle Ereignisse dazu dienen, Ihnen bei Ihrer weiteren Entwicklung behilflich zu sein. Wenn Sie daran glauben, daß alles zu Ihrem Besten geschieht, wird das zur realen Tatsache. Ihre positive Haltung schafft ein unterstützendes und kraftspendendes Umfeld, d. h. die Energien fließen eher *mit* Ihnen als gegen Sie.

Weisheit ist die Fähigkeit, die Geschehnisse seiner Umgebung bewußt wahrzunehmen, die höhere Wahrheit darin zu erkennen und aus einer Haltung des Mitgefühls handeln zu können. Dadurch wird das Universum um Sie herum freundlich. Der Glaube, daß alles zu Ihrem Besten geschieht, macht negative Energien wirkungslos.

Wenn Sie aus Weisheit handeln, spüren Sie innerlich, daß es tatsächlich so gut ist. Sie wissen, daß Sie sich einen Augenblick Zeit zum Nachdenken genommen haben, um einen höheren Impuls zu empfangen. Alles, was Sie dann bewirken, entstammt dieser höheren Ebene. Sie haben sich schon oft als weise erwiesen. Erinnern Sie sich an derartige Erlebnisse in der Vergangenheit, um Ihr Bewußtsein mit diesen Visionen zu erfüllen, anstatt die Momente wachzurufen, in denen Sie unweise vorgegangen sind.

Mit zunehmender Entwicklung Ihrer Fähigkeiten werden Sie die Gedanken und Gefühle anderer spüren. Sie werden mehr und mehr Hinweise und Informationen vom Universum erhalten. Die Weisheit hilft Ihnen, diese Informationen so zu modifizieren, daß die jeweilige Botschaft entschlüsselt werden kann.

Die Art und Weise, wie Sie Ihre Umwelt betrachten, bestimmt, wie sie von Ihnen erfahren wird. Anstatt zu denken: «Alles hat sich gegen mich verschworen» oder: «Was für ein Unglück . . .», nehmen Sie einen höheren Standpunkt ein, der Sie erkennen läßt, daß alle Geschehnisse auch eine gute Seite haben. Dies ist die Weisheit der Seele, denn die Seele versucht immer, Ihnen Ihr Leben von einer höheren Warte aus begreiflich zu machen.

Liebe bewirkt, daß negative Energien zu einer unschädlichen Kraft umgewandelt werden.

Weisheit kommt aus dem Herzen. Ein weises Herz umarmt den anderen in mitfühlender Weise, gleichgültig, auf welchem Entwicklungsstand sich dessen Seele befindet. Es begegnet ihm eher mit einem Gefühl der Liebe und Einheit, anstatt ihn zu beurteilen. Der Weise erkennt, daß er sich durch die Distanzierung von weniger entwickelten Wesen gleichzeitig von jenen abtrennt, die bereits eine höhere Stufe erreicht haben. Damit verzögert er seinen eigenen Aufstieg. Mit den Augen der Liebe betrachtet wird jede Energie zu etwas Schönem.

Weisheit beinhaltet das Wissen darum, welche Dinge in

Ihrem Leben bedeutsam sind und welche nicht, welche nur Ablenkungen darstellen und welche einen Ruf Ihrer Seele bedeuten. Weisheit befähigt Sie, die vielen einlaufenden Daten zu sortieren und nur jene Dinge auszuwählen, die zu Ihrem Wohlergehen beitragen. Vielleicht möchten Sie etwas Bestimmtes tun, finden aber nie die Zeit dazu, weil Sie durch Hausarbeit, Telefongespräche oder die Anforderungen anderer davon abgehalten werden. Weisheit heißt zu wissen, welche Aktivitäten tatsächlich Ihrem höheren Ziel dienen und welche Sie lediglich von Ihrem Weg ablenken. Sie können dafür sorgen, daß die Gedanken, Ereignisse und Begegnungen in Ihrem Leben eine Quelle der Kraft für Sie werden. Es ist durchaus möglich, sich eine persönliche Umgebung zu schaffen, die nützt, statt zu schaden.

Die Weisheit hat Verständnis für das Gemüt und weiß, wie es arbeitet. Das Gemüt ist ein ausgezeichnetes Lerninstrument. Es möchte Ihre Motivation zum Weiterlernen aufrechterhalten und gibt sich deshalb nie zufrieden. Gleichgültig was Sie tun, Gemüt und Verstand wollen immer noch einen Schritt weiter. Wenn Sie sich mit ihnen identifizieren, werden Sie sich unerfüllt und unzufrieden fühlen. Identifizieren Sie sich aber mit Ihrem tieferen Wesen, werden Sie inneren Frieden und Erfüllung finden.

Anstatt niedrigeren Gedanken Widerstand zu leisten oder sie loszuwerden versuchen, stellen Sie ihnen einfach höhere Gedanken zur Seite.

Sie werden immer das bekommen, was Sie sich vorstellen. Ein Teil Ihres Wachstumsprozesses besteht darin, höhere Bilder und Vorstellungen zu entwerfen. Lernen Sie, sich mit

Ihrem tieferen Wesen zu identifizieren. Das ist jener Teil von Ihnen, der bestimmt, mit welchem Gedankengut Ihr Geist genährt wird, der Gefühle, Reaktionen und Wünsche gezielt auswählt. Bei Ihrer weiteren Entwicklung wird Ihnen Ihr Verstand helfen, die Ausrichtung auf positive Gedanken zu bewahren. Selbst in Schwierigkeiten können Personen mit einem geschulten Geist der Versuchung widerstehen, ihrer Bedrücktheit oder ihrem Zorn nachzugeben. Sie wissen, daß sich in ihrem Bewußtsein nur jene Dinge wiederfinden, die sie selbst genährt und dorthin «eingeladen» haben.

Wenn Sie auf jemanden wütend sind, können Sie den Zorn entweder zum Ausdruck bringen oder loslassen. Drücken Sie Ihren Zorn – womöglich in Worten – aus, um nur ja sicherzugehen, daß Sie von niemandem ausgenützt werden (und den anderen zu verstehen zu geben, daß sie an Ihrem Zorn schuld sind), werden Sie noch mehr von dem anziehen, was Sie zu vermeiden suchen. Lassen Sie Ihren Zorn aber los, ist er nicht mehr Teil Ihres Energiefeldes und kann folglich nichts mehr Gleichartiges anziehen. Wenn Sie also die Dinge freigeben, die Ärger, Trauer oder Schuldgefühle in Ihnen hervorrufen, werden Sie ihnen auch nicht mehr begegnen. Sie *können* sich entscheiden, Wut und Ärger loszulassen, ohne sie auszudrücken, denn Sie selbst sind aktiver Teilnehmer an allem, was Ihnen zustößt.

Vielleicht haben Sie den Eindruck, daß Sie die Ereignisse in Ihrem Leben nicht so kontrollieren können, wie es Ihnen lieb wäre, aber es *ist* möglich, Ihre Reaktion in den Griff zu bekommen. Sie können sich entscheiden, wie Sie reagieren werden. Sie sind durchaus imstande, eine Reaktionsweise zu entwickeln, die angenehm für Sie ist. Lassen Sie z. B. Ihren Ärger einfach los, anstatt ihn auszudrücken. Dasselbe gilt auch für Haß. Dann kann auch der Haß oder Ärger eines anderen nicht an Ihnen haften bleiben, weil er keine Öse findet, in der er sich verhaken könnte. Seien Sie großzügig im Vergeben, denn diese Reaktion erlaubt Ihnen, sich über den Zorn zu erheben.

Weisheit bedeutet, unterscheiden zu können, welchen Botschaften man Beachtung schenken soll und welche man wieder losläßt.

Wenn Ihnen jemand im Zorn Unfreundlichkeiten oder die Unwahrheit sagt, ist es am besten, man lernt zu vergeben. Es ist weiser, auf die Negativität oder Angst anderer nicht einzugehen. Bewahren Sie sich ein offenes Herz und gehen Sie von einer höheren, liebevollen und mitfühlenden Haltung aus. Es gibt viele Leute, die immer wieder von harten Zeiten erzählen, die andere beschuldigen und durch ihre Worte und ihren Zorn negative Gefühle verursachen können. Lernen Sie, nicht ärgerlich zu reagieren, sondern Ihr Augenmerk auf andere Dinge zu richten.

Reagieren Sie auch nicht beleidigt – das ist genauso schlimm, als würden Sie jemand anderen beleidigen. Wenn Sie das zulassen, tragen Sie zur negativen Energie bei, die Sie danach umgibt und noch mehr Gleichartiges anzieht. Sobald Sie beleidigt sind, verschließen Sie Ihr Herz und wenden sich vom Kontakt mit Ihrem wahren Wesen ab. Reagieren Sie nicht verletzt, wenn jemand im Zorn oder aus Angst bestimmte Dinge sagt, denn sie entstammen einem niedrigeren Teil seiner selbst. Lernen Sie, Ihre Aufmerksamkeit auf sein Höheres Selbst zu richten, denn das, worauf Sie sich konzentrieren, bringen Sie in Ihren Mitmenschen zum Vorschein.

Suchen Sie die innere Größe im anderen, werden Sie selber von Ihren Mitmenschen auf andere Weise betrachtet. Sehen Sie einfach, wie die anderen das Beste geben, was sie im Moment zu geben haben. Achten Sie auch darauf, ob jemand offensichtlich nicht von seinem Höheren Selbst aus spricht. Reagieren Sie mitfühlend, so wie Sie einem kleinen Kind begegnen würden, das es noch nicht besser versteht. Vergeben Sie und lassen Sie los. Andere Leute können Sie nicht verletzen. Nur Sie können beschließen, sich durch Ihre eigene Reaktion auf andere selbst weh zu tun. Dies verleiht Ihnen auch letztlich die Macht, die Welt, die Sie erleben, zu kontrollieren. Wenn es Ihnen gelingt, Ihre Reaktionen bewußt zu bestimmen, können Sie sich für Freude und Frieden entscheiden und Ihre Welt dadurch verändern.

Lernen Sie, auf Triviales und Unwichtiges nicht einzugehen, so daß man auf Sie hört, wenn etwas Wichtiges zu sagen ist. Lernen Sie, Unwichtiges einfach hinzunehmen, damit Sie den Dingen, die bedeutsam sind, Ihre Aufmerksamkeit widmen können. Üben Sie sich darin, Schönheit und Harmonie zu schätzen, so daß Sie das Gute und Weise wahrnehmen können. Richten Sie Ihre Antennen auf die Dinge aus, die hilfreich und kraftspendend für Sie sind.

Liebevoller Umgang mit sich selbst bedeutet auch immer liebevollen Umgang mit anderen.

Lernen Sie, zwischen den Wünschen anderer und Ihren eigenen zu unterscheiden. Sie können lernen, das Richtige zu wählen, indem Sie mit Ihrem Höheren Selbst Rücksprache halten. Wenn Sie auf Schwerfälligkeit oder Widerstand stoßen, nehmen Sie sich Zeit, um tiefer zu gehen. Wenn etwas auf Sie wohltuend wirkt, wird es auch auf andere eine ähnliche Wirkung ausüben. Haben Sie sich jemals dazu gezwungen, jemanden wohin zu begleiten, nur weil Sie sich verpflichtet fühlten, um dann festzustellen, daß der Betreffende auch nicht wirklich hin wollte? Ist es Ihnen schon passiert, daß

Sie eine Verabredung absagen wollten und dann feststellten, daß die andere Person auch gerade ans Telefon gegangen war, um Ihnen die gleiche Mitteilung zu machen?

Erlauben Sie sich, Ihre Wahl zu treffen – an welchen Energien möchten Sie teilhaben, was möchten Sie fühlen und welche Dinge wollen Sie lieber loslassen? Möglicherweise sammeln Sie gerade jetzt Erfahrungen, die zeigen, wie andere etwas von Ihnen fordern, von Ihnen enttäuscht sind oder Sie beschuldigen, ihren Erwartungen nicht zu entsprechen. Weisheit bedeutet zu erkennen, was zu Ihnen gehört – Ihre Gedanken und Erwartungen – und was von anderen kommt.

Wie läßt sich nun unterscheiden, welche die eigenen Energien sind und welche die der anderen? Oft läßt es sich erst feststellen, nachdem man sich einmal mit den Energien anderer identifiziert hat. Angenommen, Sie leben mit einem Menschen zusammen, der in einer moralischen Frage sehr feste Vorstellungen hat, und Sie übernehmen diese Haltung. Nachdem Sie sich getrennt haben, stellt sich heraus, daß Sie nun anders darüber denken. Sie haben sich eine Zeitlang mit den Anschauungen einer anderen Person «bekleidet». Häufig erkennt man erst, ob es sich um einen eigenen Wunsch oder um den eines anderen handelt, indem man es ausprobiert. Vielleicht entdecken Sie, daß Ihnen eine bestimmte Denkweise zusagen würde – oder auch nicht.

Während Ihres Lernprozesses werden Sie von Zeit zu Zeit auch die Energien anderer Leute in Ihr Leben einbringen. Sie werden versuchen, Regeln, Prinzipien und Wertmaßstäben gerecht zu werden, um festzustellen, ob es auch die Ihren sind. Dann beschließen Sie vielleicht, die zu bewahren, die Ihrem Wesen entsprechen. Die Herausforderung besteht im Loslassen von all dem, was nicht zu Ihnen paßt. Fühlen Sie sich nicht schuldig, wenn Sie die Ansichten und Einstellungen anderer ablehnen, selbst wenn sie sehr «moralisch» oder in den Augen anderer Leute «richtig» scheinen. Nur Sie wissen, was wirklich gut für Sie ist. Dasselbe gilt für all die Energien, die Sie im Universum erleben. Wenn etwas keine Gültigkeit für Sie hat, brauchen Sie nicht daran festzuhalten.

Weisheit bedeutet zu wissen, wann man zu handeln hat und wann man besser stillhält.

Weisheit läßt sich nicht mit Vernunft gleichsetzen, auch wenn die Vernunft ein Teil der Weisheit ist. Die Vernunft sammelt Fakten und versucht, aufgrund der bekannten Daten eine Entscheidung zu treffen. Weisheit ergibt sich aus der Kombination von intuitivem Wissen (dem, was man «im Gespür hat») mit dem, was man intellektuell weiß. Sie hilft zu erkennen, welche Impulse der niederen Natur entspringen und welche aus dem Höheren Selbst kommen.

Der Verstand bietet oft eine Vielzahl von Ideen an. Manchmal stehen Ihnen sogar mehr Chancen offen, als Sie überhaupt nützen können. Verübeln Sie es sich nicht, wenn Sie von einer günstig scheinenden Gelegenheit keinen Gebrauch machen können. Folgen Sie dem tieferen Verständnis, das vielleicht nur ganz leise hörbar sagt: «Warte!» Wenn der Verstand aber zum Abwarten rät, während die innere Stimme eine spontane Handlung fordert, fassen Sie sich ein Herz, gehen Sie das Risiko ein und handeln Sie entsprechend.

Vielleicht fragen Sie sich, wie ein großer Meister seine Weisheit demonstrieren würde. Er wüßte einfach, wann er streng und hart und wann er liebevoll und großzügig zu sein hätte. Jedoch ist es nicht immer weise, anderen das zu geben, was sie zu brauchen *glauben*. Kleine Kinder glauben häufig, daß sie zu ihrem Glück unbegrenzte Mengen von Süßigkeiten benötigen. Aber Sie als Erwachsener verfügen über eine andere Sichtweise und wissen, daß ausgewogene Ernährung dem Kind auf die Dauer eher wohltun wird. Manchmal ist es notwendig, die höhere Vision für andere aufrechtzuhalten und ihnen zu helfen, sich selbst zu erkennen, anstatt ihnen zu geben, wonach sie verlangen. Vielleicht müssen Sie jemandem sogar etwas abschlagen, das er zu brauchen glaubt. Wohlhabende Leute haben festgestellt, daß es *nicht* alle Probleme ihrer Mitmenschen löst, wenn man ihnen Geld gibt. Es führt oft in der Tat zu größeren Schwierigkeiten.

Vielleicht haben Sie genug Geld, um es bedürftigen Verwandten zu leihen. Ihr weises Selbst ahnt aber, daß diese Leute den Mangel deshalb geschaffen haben, weil sie daraus zu lernen haben. Sie helfen ihnen unter Umständen also mehr, wenn Sie ihnen zeigen, wie sie ihr höheres Ziel entdekken können und sie dann ermutigen, nur das zu tun, was ihnen wirklich Freude macht. Das Geld wäre nur eine vorübergehende Hilfe, die aber keine langfristige Lösung mit sich brächte. Im Gegenteil, sobald es aufgebraucht ist, sind sie wieder am selben Punkt angelangt. Weisheit heißt, jemanden das Fischen zu lehren, anstatt ihn mit Fischen zu füttern.

Man muß also wissen, wann man helfen soll und wann nicht. Wenn man z. B. ein Kind beobachtet, das sich eine neue Fähigkeit aneignet, ist man versucht, einzugreifen und ihm zu zeigen, wie es besser funktioniert. Und doch kann es diese Dinge nicht lernen, wenn es sie nicht selbst ausprobiert, gleichgültig, wie gut oder schlecht der Versuch gelingen mag. Sie müssen in Ruhe und Weisheit zusehen und das Kind durch Versuch und Irrtum lernen lassen. Dasselbe gilt für Freunde und andere nahestehende Menschen. Häufig erweisen Sie jemandem den größten Liebesdienst, wenn Sie nur ruhig zusehen, wie er seine Lektion lernt. Wenn Sie eingreifen und den Retter spielen, nehmen Sie ihm die Erfahrung und die Bereicherung, die diese Situation für ihn dargestellt hätte. Dann muß er nochmals von vorne beginnen. Sie können ihm mehr helfen, wenn Sie Ihr Licht auf ihn konzentrieren und ihm verständlich machen, was er daraus zu lernen hat. Manchmal mag es hart erscheinen, weise zu handeln. Es ist vielfach leichter einzugreifen, um jemanden zu retten, als zuzusehen, wie er eine schwierige, schmerzliche Lernerfahrung macht.

Es ist wichtig, anstelle von Mitleid Mitgefühl zu entwickeln.

Mitleid bedeutet, mit jemand anderem mit-zu-leiden und die Dinge, die ihm widerfahren, als schlecht oder negativ zu betrachten. Mitgefühl hingegen beinhaltet die Erkenntnis, daß er an diesen Dingen wachsen kann und ihm zu dieser Sicht zu verhelfen. Mitgefühl formt eine Erfahrung, die sonst als Unglück angesehen wird, in etwas Verständliches um. Bedenken Sie, daß Sie sich aufgrund von Mitleid in die Schwingung eines anderen einstimmen und seine niedrige Energie übernehmen. Gehen Sie aber von Mitgefühl aus, nehmen Sie nicht die Negativität anderer auf.

Strenge zu zeigen ist vielleicht nicht einfach, aber es ist oft ein größeres Geschenk für die Mitmenschen, anstatt immer den Guten, Hilfsbereiten zu spielen. Sie haben sicherlich schon erlebt, daß Sie Freunden gegenüber sehr großzügig gewesen sind, diese es aber nicht zu schätzen wußten. Wenn Ihre Hilfsangebote keinen augenscheinlichen Nutzen bringen, ist es an der Zeit, Ihre Energien anderswo einzusetzen. Kurzfristig gesehen riskieren Sie, sich den Unmut der anderen zuzuziehen, doch auf lange Sicht gewinnen Sie aufgrund dieser weiseren Haltung.

Ein großes Geschenk, das Sie Ihren Mitmenschen machen

können, ist, ihnen auf genaue und mitfühlende Weise die Wahrheit zu sagen. Es erfordert einiges an Weisheit zu wissen, was man wann zu sagen hat. Wenn Sie im Zweifel darüber sind, ob Sie jemandem etwas sagen sollen, horchen Sie einen Augenblick nach innen. Wenn Sie das Gefühl erhalten, daß Ihre Mitteilung den anderen fördern kann, sprechen Sie sie aus. Haben Sie eher den Eindruck, daß sie auf taube Ohren treffen oder Widerstand auslösen wird, behalten Sie die Sache lieber für sich. Wenn Sie wahrhaft helfen wollen, darf persönlicher Gewinn nicht die Motivation zum Handeln darstellen. Schweigen und Reden sind gleichermaßen kraftvoll, wenn man den jeweils richtigen Moment dafür wählt.

Bevor Sie sprechen, halten Sie kurz inne und überlegen Sie: «Dient diese Mitteilung dem höchsten Wohl dieses Menschen?» Das ist Weisheit! Ein Weiser wählt seine Worte mit Bedacht. Bevor er jemandem eine Mitteilung macht, stellt er sich die Frage: «Wie kann ihm das, was ich sage, weiterhelfen?» Dient es dem anderen in keiner Hinsicht, schweigt er. Jedesmal, wenn Sie höhere, weise Kraft nach außen weitergeben, ziehen Sie auch wieder Gleichartiges an.

Erkennen Sie, auf welcher Entwicklungsstufe sich die Seele Ihres Gegenüber befindet. Erwarten Sie von einem Zweitklässler noch keine höhere Mathematik. Gehen Sie sanft mit ihren Mitmenschen um. Die negative Energie anderer entspringt lediglich deren Angst. Sie jedoch brauchen nicht mit Angst zu reagieren. Können Sie sich vorstellen, wie Ihre Welt aussehen würde, wenn Sie selbst nur so offen und liebevoll wären wie die Menschen, die sich gerade in Ihrer Umgebung befinden? Nehmen Sie die Herausforderung an! Nutzen Sie Ihre angeborene Weisheit, um alle Situationen von einer höheren Ebene aus zu betrachten, ungewollte Energien loszulassen und aus Liebe und Mitgefühl zu handeln, gleichgültig, wie liebesfähig die Menschen um sie herum sind.

Gehen Sie voran! Wagen Sie es, weise zu sein! Wagen Sie es, am liebevollsten, mitfühlendsten und verletzlichsten zu sein. Geben Sie ein Beispiel! Warten Sie nicht darauf, daß der andere zuerst offen und weise auf Sie zugeht. Sie werden bald entdecken, über wieviel Kraft ein offener, weiser und gütiger Mensch verfügt, um die gesamte Welt zu verändern, die ihn umgibt.

Weisheit – die Einstimmung auf das Höhere Selbst

Übungsbogen

1) Setzen Sie sich ruhig und entspannt hin. Denken Sie an die Tage und Wochen, die vor Ihnen liegen. Welche wirklich wichtigen Dinge haben Sie geplant, und wo geht es nur um Ablenkungen, die Sie eigentlich vermeiden könnten?

2) Haben Sie morgen oder in der kommenden Woche etwas geplant, das Sie nur aus Verpflichtung tun oder um jemandem einen Wunsch zu erfüllen, der nicht Ihr eigener ist?

3) Denken Sie an jemanden, der etwas von Ihnen fordert. Horchen Sie jetzt ruhig auf die Stimme Ihres weiseren Selbst. Könnten Sie irgend etwas für diesen Menschen tun, abgesehen von dem, was er zu brauchen *glaubt*, das ihm/ihr wirklich helfen würde?

4) Was ist das Wichtigste, das Sie heute tun könnten? Treffen Sie die Entscheidung, es in die Tat umzusetzen.

XV
Telepathie – Das Verstehen nonverbaler Kommunikation

Es gibt zwei Grundtypen von Kommunikation – die verbale und die nonverbale oder telepathische. Jeder von Ihnen hat bereits Telepathie erlebt. Telepathische Botschaften empfängt man auf emotionalem oder mentalem Wege. Jeder Mensch ähnelt einer wandelnden Sende- und Empfangsstation und nimmt die Botschaften aus seinem Freundes- und Bekanntenkreis fortwährend auf. Telepathische Verbindung besteht nicht nur mit Menschen, die Sie kennen, sondern auch mit jenen Leuten, denen Sie erst begegnen *werden* oder denen Sie früher einmal begegnet sind. Es gibt unzählige Energiemuster, die ständig in Sie eindringen und wieder austreten. Man könnte sich das wie Radiowellen vorstellen, an die Sie sich anschließen.

Es ist möglich, die Lautstärke zu vermindern, Verbindungen zu lösen, zu überprüfen, was man aufnimmt und was man aussendet, und negative Energien in positive umzuwandeln. Die lautesten Botschaften erhalten Sie von nahestehenden Menschen, für die Sie ein offenes Herz haben. Am schwächsten sind die Mitteilungen jener Leute, die Sie vor Jahren einmal gekannt haben oder von entfernten Bekannten. Man sollte nun wissen, wie man Lautstärke und Frequenz regelt und auf welche Weise man die Nachrichten empfängt – emotional oder mental. Die Qualität Ihrer telepathischen Verbindungen bestimmt auch, ob Ihre Kontakte positiv und hilfreich oder eher hinderlich wirken.

Sie sind telepathischer Bestandteil einer größeren Gemeinschaft, die aus Ihrer Nachbarschaft und der Stadt, in der Sie leben, besteht. Jede Gemeinde hat bestimmte Gedankenmuster, die nur ihr zu eigen sind, und diese Gedanken sind äußerst real. Ihre Gemeinde stellt sozusagen einen energetischen Speicher dar, aus dem Sie von überall her Nachrichten empfangen – aus Restaurants, Buchläden, dem Supermarkt, sogar aus den vorbeifahrenden Autos. Energien werden auf einer sehr subtilen Ebene wahrgenommen. Aufgrund der Schwingungen, die durch die Gedanken der Menschen in Ihrer Gemeinde ausgelöst werden, erhalten Sie telepathische Botschaften. Jede Gemeinde stellt eine einzigartige Mischung verschiedener Energien dar.

Wenn Sie in einem Restaurant beim Essen sitzen, können Sie die Gefühle und Gedanken der übrigen Gäste empfangen. Jedermann nimmt die Gedankenmuster sowie die Gefühle und Gedanken seiner Gemeinde und seiner Nachbarn auf. Je enger die körperliche Nähe ist, um so stärker wird die telepathische Kommunikation.

Achten Sie darauf, welche Gedankenmuster es in Ihrer Gemeinde gibt.

Spüren Sie, daß Sie sich woanders wohler fühlen, als an dem Ort, an dem Sie wohnen? Fällt Ihnen auf, daß Sie bestimmte Orte als angenehm empfinden, andere wiederum ablehnen? Möglicherweise sind die Gedankenmuster des

Wohnviertels bzw. der Gemeinde, in der Sie leben, nicht verträglich für Sie. Beobachten Sie einmal Ihre Nachbarn, wie alt sie sind, welche Ansichten sie vertreten, wie ihre Realität aussieht. Dann können Sie sich ein Bild davon machen, welches Gedankengut in Ihrer Umgebung vorherrschend ist.

Der telepathische Einfluß nahestehender Menschen – ob Freunde oder Geliebte – ist sogar noch stärker. Jedermann ist in gewissem Sinne telepathisch veranlagt und agiert als Sender oder Empfänger. Auch Heilung erfolgt in erster Linie aufgrund der entsprechenden telepathischen Botschaft oder dem Empfang einer solchen Botschaft. Darauf folgen dann oft erst die Worte, doch hinter dem Gesprochenen verbergen sich viele Schattierungen von Bildern und Gefühlen, die telepathisch übertragen werden.

Der Verstand ähnelt einem Fernsehgerät mit mehreren Kanälen. Über den einen Kanal empfangen Sie z. B. Ihre(n) Frau/Mann oder Ihren Partner, und möglicherweise haben Sie für jeden Freund einen gesonderten Empfangskanal. Tausende von Nachrichten treffen den ganzen Tag lang bei Ihnen ein. Sie können bewußt auswählen, welche Sie empfangen wollen.

Sind Sie Opfer all dieser telepathischen Mitteilungen? Sinkt Ihre Energie ab, nur weil sich die Menschen in Ihrer Umgebung auf einem niedrigeren Energieniveau befinden? Das hängt lediglich von Ihrer Fähigkeit ab, das «Programm» zu wechseln und sich auszusuchen, was hereinkommen soll. Die meisten von Ihnen erleben Telepathie im Emotionalbereich, sie empfangen die Gefühle anderer Leute. Es ist jedoch wesentlich besser, die Nachrichten durch höhere Zentren aufzunehmen. Empfängt man Informationen auf emotionalem Wege, heißt das, man nimmt die Emotionen anderer sehr leicht auf und hält sie für die eigenen. Dadurch verlieren viele von Ihnen das Gefühl für Ihre Identität.

Stellen Sie sich vor, Sie sitzen in Ihrer Wohnung und einer

Ihrer Nachbarn spielt lautstark Rock and Roll; der Nachbar auf der anderen Seite hört mit voller Lautstärke klassische Musik. In Ihrem Wohnzimmer läuft der Fernsehapparat und im Nebenraum noch ein Radio. Die Nachbarn über und unter Ihnen hören auch jeweils noch andere Musik, und darüber hinaus vernehmen Sie aus all den Wohnungen lautes Stimmengewirr. Überlegen Sie, wie schwierig es wäre, bei all dem Lärm mit den eigenen Energien in Kontakt zu kommen. Und genau das erleben die meisten Menschen den ganzen Tag lang. Es spielt sich zwar auf einer unterbewußten Ebene ab, doch das telepathische Geplapper und der Lärm sind real vorhanden.

Es ist möglich, die Nachrichten zu entschlüsseln und sich auszusuchen, welche man anhören will und welche nicht. Außerdem können Sie den emotionellen Empfang verhindern und statt dessen über das Höhere Selbst aufnehmen. Man kann lernen, die telepathischen Botschaften seiner Umgebung für das eigene Wohl und das der anderen einzusetzen.

Angenommen, Sie betreten einen Raum und stellen fest, daß die Person, die Sie besuchen wollen, äußerst angespannt und nervös ist. Plötzlich sehen auch Sie Ihr Leben in einem eher düsteren Licht und machen sich Sorgen. Viele Menschen erleben das häufig, ohne überhaupt zu bemerken, daß sie telepathische Energien aufgenommen haben. Dann denken Sie womöglich: «Ich bin heute wirklich nervös.» Unter Umständen fangen Sie derartige Botschaften sogar schon auf dem Hinweg auf. Ist Ihnen je aufgefallen, daß Sie auf dem Weg zu jemandem schlagartig fröhlich oder müde, bedrückt und sogar ängstlich geworden sind? All das sind Beispiele für den Empfang emotionaler Botschaften anderer. Die Gefühle erscheinen wie die eigenen, bis man unterscheiden lernt, daß es die der anderen sind.

Es ist unmöglich, telepathisch empfangene Nachrichten zu erkennen, bevor man nicht mit den eigenen Energien vertraut ist.

Um sich die eigene Energie bewußt zu machen, prüfen Sie gleich beim Aufwachen am Morgen, wie Sie sich fühlen. Sie fühlen sich jeden Morgen anders, sind mit anderen Fragen beschäftigt – Menschen, die Sie sehen werden, neue Dinge, denen Sie an diesem Tag begegnen werden. Wenn Sie aufwachen, hat noch keine telepathische Übertragung von den Menschen stattgefunden, auf die Sie heute treffen werden. Zu dieser Zeit spüren Sie daher Ihre eigene Energie am besten. Fragen Sie sich: «Wie fühle ich mich heute?» Möglicherweise stellen Sie fest, daß Sie angespannt oder fröhlich und begeistert aufgewacht sind. Die Untersuchung Ihrer Gefühle beim Aufwachen gibt Ihnen für den restlichen Tag einen Bezugspunkt.

Vielleicht haben Sie abends eine Verabredung mit einem Freund oder einem geliebten Menschen, oder Sie denken an ein bestimmtes Vorhaben, an die Arbeit, die Sie für ein Projekt leisten wollen, oder Sie verweilen in Gedanken an Ihrem Arbeitsplatz, bei der Familie oder bei Freunden.

Sobald Sie sich telepathisch auf die Personen eingestimmt haben, mit denen Sie zusammenkommen werden, ziehen Sie auch deren Energien auf sich. Wissen Sie zuerst um Ihre eigene Verfassung Bescheid, können Sie die Veränderungen feststellen, die durch den Kontakt mit anderen auftreten. Achten Sie auf energetische Schwankungen, wenn Sie an andere denken. Sie wachen z. B. sehr gut gelaunt auf, fühlen aber plötzlich Beklommenheit in sich aufsteigen, wenn Sie an Ihren Arbeitsplatz denken und an die Zusammenarbeit mit einem Ihrer Kollegen. Auf einmal sind Sie mit Ihrem Leben unzufrieden, fühlen sich gereizt und depressiv. Würden Sie sich nicht daran erinnern, wie gut gelaunt Sie beim Aufwachen noch waren, würden Sie vielleicht glauben, daß *Sie* tatsächlich gereizt und depressiv sind. Nun wissen Sie aber, daß Sie nur die Anspannung und Reizbarkeit Ihres Mitarbeiters verspürt haben.

Möchten Sie wissen, wie jemand über Sie denkt, überprüfen Sie einfach, was Sie selbst beim Gedanken an den Betreffenden fühlen. Sind Sie sich Ihrer eigenen Verfassung aber nicht bewußt (vor allem *bevor* Sie an die betreffende Person denken), können Sie die Gefühlsschwankung kaum feststellen. Fühlen Sie sich durch den Gedanken an jemanden plötzlich traurig, abgelehnt oder mißmutig, vergleichen Sie diese Empfindungen mit Ihrer vorherigen Verfassung, *bevor* Sie an ihn gedacht haben. Sie können dann zumindest auf emotioneller Ebene feststellen, wie jemand auf Sie reagiert.

Auf einer bestimmten Ebene sind sich die Menschen der nonverbalen Kommunikation bewußt. Wenn Sie telepathisch mit jemandem eine Auseinandersetzung haben und ihm mitteilen: «Ich will nicht so von dir behandelt werden, ich lasse mir das nicht mehr gefallen, ich werde dies oder jenes nicht tun», fühlt der andere diese Nachricht, wodurch sich der Widerstand womöglich noch verstärkt. Er empfängt vielleicht nicht genau die Worte, aber er spürt die Botschaft in Form von Gefühlen, je nachdem, wie sensibel er bereits ist. Er nimmt sie jedenfalls auf emotioneller Ebene auf und verarbeitet sie entsprechend. Die Nachricht wird sich für ihn unangenehm anfühlen, und wenn er sich auf Sie einstimmt, verspürt er wahrscheinlich den Wunsch, sich zurückzuziehen. Denken Sie absichtlich an jemanden, der aber nicht an Sie erinnert werden will, kann er *Ihre* auf ihn gerichteten Gedanken jederzeit abschalten. Wollen Sie seinen Rückzug verhindern, senden Sie ihm Gedanken der Liebe. Das öffnet alle Türen.

Angenommen, Sie denken stundenlang über jemanden nach – heißt das nun, daß auch er in Gedanken ständig bei Ihnen weilt? Das läßt sich durchaus feststellen. Wenn Sie beim Gedanken an eine Person Widerstand oder eine Art Reizbarkeit von ihrer Seite spüren, denkt sie momentan nicht an Sie und empfindet Ihre Gedanken beinahe als Belästigung. Ist der Gedanke an diesen Menschen aber sehr angenehm, so daß Sie ihn leicht weiterspinnen können, oder wird Ihnen warm ums Herz, sind Sie ihm auf telepathischer Ebene willkommen.

Sie können herausfinden, was andere denken.

Der erste Schritt besteht darin, sich zu entspannen und in die eigene Mitte zu gelangen. Es ist unmöglich, durch eine Schicht intensiver Emotionen hindurch andere Energien klar wahrzunehmen. Wenn Sie die Gedanken einer anderen Person erfassen wollen, muß Ihr Gemüt so ruhig wie möglich werden. Vielleicht stellen Sie sich vor, in der Haut des anderen zu sein, der dann Sie betrachtet. Fast immer zeigt der Grundtenor, den Sie im Gedanken an jemanden fühlen, wie er über Sie denkt. Sind Ihre Gefühle ihm gegenüber ständig schwankend, ergeht es ihm vermutlich ebenso. Vielleicht sind die einzelnen Punkte nicht immer identisch, aber der Grundfärbung dieser Gefühle kann man vertrauen.

Wenn Sie z. B. auf einen Anruf gewartet haben, der dann doch nicht gekommen ist, überprüfen Sie einmal, was Sie in bezug auf den anderen gefühlt oder gedacht haben. Er empfängt Ihre Nachricht ja, sobald er an Sie denkt. Haben Sie ihm gedanklich z. B. mitgeteilt: «Deine Behandlung mißfällt mir sehr, eigentlich will ich dich nicht mehr sehen», hat ihn diese Botschaft vermutlich abgehalten anzurufen. Bedenken Sie, daß andere Ihre telepathischen Mitteilungen *tatsächlich* erhalten, vor allem, wenn es nahestehende Menschen sind. Sobald Sie eine feste Entscheidung ausgesandt haben, wird sie vom anderen sofort wahrgenommen. Es ist immer fühlbar, ob jemand telepathisch gerne mit Ihnen in Kontakt tritt. Der Kontakt erfolgt leicht, und das Gefühl dabei ist angenehm. Sie können Nachrichten übermitteln und die Gegenwart des anderen spüren, ohne daß Ihnen das Herz dabei schwer wird. Man fühlt auch, was der andere gerade tut, ohne Trauer, Depression oder Ablehnung zu verspüren.

Durch die Aussendung emotioneller Botschaften beeinflussen Sie andere Menschen. Diese Nachrichten werden vor allem von den Personen aufgenommen, die Ihnen liebevoll und besorgt gegenüberstehen. Die gesamte Menschheit ist im Begriff, sich der Telepathie zu öffnen. Das ist auch der Bereich, in dem ein Großteil aller Heilungen erfolgt.

Man kann Kontrolle über die telepathischen Nachrichten, die man sendet und empfängt, erlangen.

Sobald Sie das Senden und Empfangen von telepathischen Mitteilungen steuern können, werden Sie nicht mehr von ihnen bestimmt. Jeder wird in einem bestimmten Maß telepathisch durch andere beeinflußt. Sie möchten wissen, was andere von Ihnen denken. Das läßt sich durchaus feststellen – Sie brauchen sich nur auf sie einzustimmen. Als erstes kann man sich von der emotionellen Beeinträchtigung durch andere freimachen, indem man morgens beim Aufwachen die eigene Verfassung überprüft. Beobachten Sie sich auch tagsüber. Nach einiger Zeit werden Sie sich an das wiederholte Überprüfen Ihrer gedanklichen und gefühlsmäßigen Verfassung gewöhnen. Zumindest sollten Sie beim Zusammentreffen mit anderen Ihre Gefühlsschwankungen feststellen. Geht es Ihnen besser oder schlechter als vorher? Sind Sie plötzlich besorgt, ängstlich oder fröhlich?

Lernen Sie, sich selbst zu beobachten. Wenn Sie die Emotionen anderer aufnehmen, erleben Sie sie fast immer als die *eigenen*. Wissen Sie jedoch, wie *Sie* sich fühlen, können Sie den Einfluß anderer schneller feststellen. Das läßt sich nur durch Übung lernen, es gibt keine Abkürzung. Wenn Sie zu jemandem unterwegs sind, beobachten Sie Ihre Gedanken, Gefühle und körperlichen Empfindungen. Verändern sich diese Faktoren, während Sie zum Treffpunkt gehen bzw. fahren? Überprüfen Sie sich auch nochmals, sobald die Begegnung erfolgt ist. Das Wissen und Sichbewußtsein um die Beeinflussung durch andere lenkt diese Energie in Ihre höheren Zentren.

Viele von Ihnen suchen nach einer Möglichkeit, in Kontakt mit dem Höheren Selbst zu kommen und innere Führung zu finden. Emotionelle Botschaften anderer und die eigenen Gedankenmuster können dabei sehr störend wirken. Gedankenmuster lassen sich jedoch aufarbeiten. Meist neigt man dazu, alten Verhaltensmustern nachzugeben, anstatt denen zu folgen, die eine neuartige Denkweise ermöglichen. Die Veränderung von Denkmustern erfordert eine klare Ausrichtung und einen starken Willen. Es ist ähnlich wie bei körperlichem Training. Am ersten Tag läuft man nicht gleich fünf Kilometer. Man muß erst langsam seine Kondition aufbauen. Sobald Sie gelernt haben, wie man sich auf andere einstimmt und die eigenen Gefühle überprüft, werden Sie unterscheiden können, auf welche Weise Sie fremde Energien aufnehmen – eher emotional oder mental.

Im Gefühlszentrum empfangen Sie die telepathischen

Botschaften jener Menschen, die Sie lieben und von denen Sie geliebt werden. Die meisten Leute wünschen sich innige Verbundenheit, jene Art von Liebe, die zwei Menschen so sehr verbindet, daß der eine voraussagen kann, was der andere möchte oder braucht, und umgekehrt. Die Angst vor einer so tiefen Bindung hält aber auch viele Leute davor zurück. Wenn Sie nicht aus Ihrer Mitte leben und nicht wissen, wer Sie selbst sind, können Sie sich auf eine solch intensive Verbindung mit anderen nicht einlassen, ohne sich selbst dabei zu verlieren.

Wenn Sie eine tiefe, innige Beziehung zu jemandem anstreben, machen Sie sich zuerst bewußt, wer Sie selbst sind.

Sind Sie heute glücklich? Oder eher traurig? Erinnern Sie sich einen Augenblick lang, wie Sie sich beim Aufwachen gefühlt haben. Gehen Sie den ganzen Weg zurück und fragen Sie sich, was Sie empfunden haben. Stellen Sie sich den Tagesablauf nochmals vor. Rufen Sie einige Ihrer Empfindungen wach. Überlegen Sie, mit wem Sie zusammengetroffen sind und wie sich Ihr Gefühlszustand dadurch verändert hat. Sind Sie von anderen, denen Sie begegnet sind oder an die Sie gedacht haben, beeinflußt worden?

Es ist sehr wichtig, diesen emotionellen Empfang von Energien zu durchschauen. Als Kind haben Sie die Gefühle anderer oft aufgenommen, ohne daß man Sie gelehrt hätte, wie man das verhindert oder transformiert. Die meisten von Ihnen haben eine Kindheit hinter sich, in der sie nicht wußten, wer sie eigentlich sind. Sie waren telepathisch für die Wünsche, Bedürfnisse und Anforderungen anderer so offen, daß sie ihnen oft als die eigenen erschienen. Als Ergebnis sind sich heute viele über ihre eigene Identität nicht im klaren. All jene unter Ihnen, die heilen, beraten oder anderen helfen wollen, ob nun beruflich oder nur im Freundeskreis, sind telepathisch bereits sehr offen.

Viele von Ihnen waren bereits als Kind äußerst feinfühlig und wußten, wie sich die Menschen in Ihrer Umgebung fühlten. Sie waren ständig dem Bombardement telepathischer Nachrichten ausgesetzt. Für jemanden, der als intuitiver, sensibler Mensch aufwächst, gibt es zahlreiche spezifische Probleme zu bewältigen. Manche waren sogar extrem sensibel und empfanden die Gefühle anderer beinahe stärker als die eigenen. War jemand verletzt, tat es Ihnen ebenso weh und Sie versuchten, andere vor schmerzlichen Erfahrungen zu bewahren und begegneten ihnen mit einer Liebe, die nur selten erwidert wurde. Mit einer telepathischen Veranlagung aufzuwachsen bedeutet häufig, zweideutige Mitteilungen von Eltern oder anderen Personen zu erhalten – «Nein, mein Liebes, es ist nichts, es geht mir gut» –, obwohl man Spannung und Bedrücktheit spürt. Man fragt sich vielleicht auch, wie andere überhaupt grausam sein können, wo man es selbst kaum erträgt, jemanden zu verletzen. Man fragt sich, ob die anderen unsensibel oder kaltherzig sind oder ob man tatsächlich als einziger derartige Dinge wahrnehmen kann.

Einige von Ihnen hatten dadurch das Gefühl, anders zu sein als alle übrigen. In Ihrer Kindheit fühlten sie sich vielleicht fehl am Platze, und die Schule mit all ihren sozialen Aspekten war schwer zu bewältigen. Andererseits haben einige auch ihre Sensibilität dazu benutzt, um sich äußerlich anzupassen und zu bekommen, was sie wollten.

Viele Menschen stoßen heute auf die Probleme, die mit einer telepathischen Begabung in Zusammenhang stehen. Sie sollten verstehen, daß ihre Unkenntnis in bezug auf sich selbst zum Teil aus ihrer telepathischen Fähigkeit herrührt.

Viele haben ja schon Erfahrungen auf diesem Gebiet gemacht, wahrscheinlich mehr als ihnen lieb war. Das vorherige Beispiel, wo man all die Radios und Fernsehgeräte gleichzeitig laufen hört, beschreibt, auf welche Weise die meisten unter Ihnen ihre Kindheit erlebten. Sie konnten die unzähligen Forderungen Ihrer Mitmenschen wahrnehmen und strengten sich meist sehr an, diesen gerecht zu werden. Es war häufig die einfachste Lösung, den Leuten nachzugeben und deren Wünsche zu erfüllen. Andere rebellierten wiederum und taten genau das Gegenteil, wenn die Anforderungen zu sehr gegen ihre Natur waren oder wenn es unmöglich schien, jemanden zufriedenzustellen. Für viele waren Zorn und Auflehnung der Schutz gegen telepathische Kontrolle, die andere über sie auszuüben suchten.

Telepathie stellt ein Problem dar,
wenn man sie nicht versteht,
und ist ein Geschenk und eine Verantwortung,
sobald man sie zu handhaben weiß.

Wenn Sie telepathisch veranlagt sind, können Sie Botschaften sowohl senden als auch empfangen. Für die ausgesandten Nachrichten tragen Sie die Verantwortung. Die meisten Menschen senden und empfangen über das Gefühlszentrum, aber man kann auch Worte verwenden, wodurch sich die Kommunikation auf die mentale Ebene verlagert. Fast jeder erlebt emotionale Telepathie, aber nur wenige die mentale Form. Das ist keineswegs eine Begabung, die Sie anderen überlegen sein läßt. Telepathie kann ein Geschenk oder ein Problem sein, bis man gelernt hat, richtig mit ihr umzugehen. Ist Ihnen klar, wie sehr Sie andere durch Ihre telepathische Begabung beeinflussen können?

Sie haben bestimmte Denkweisen und Gedankenmuster, die tagsüber immer wieder auftauchen. Ist Ihnen aufgefallen, daß Sie – wenn Sie irgendwohin gehen oder fahren – automatisch in bestimmte Gedankenmuster verfallen und z. B. über Ihre Hausarbeit, alltägliche Dinge, ein Problem oder etwas anderes nachdenken, wenn Sie gerade nichts Besseres zu tun haben? Es liegt in Ihrer Verantwortung, diese Gedanken auf eine höhere Energieebene zu verlagern, denn andere nehmen sie auf und werden davon beeinflußt. Um diese Denkgewohnheiten verändern zu können, muß man zunächst einen festen Entschluß fassen und dann jedesmal, wenn man sie erkennt, sich bewußt bemühen, sie auf eine höhere Stufe zu heben.

Man sollte ebenfalls seine Konzentrationsfähigkeit schulen, um den Verstand auf die Dinge ausrichten zu können, an die man denken *will,* so daß man sich mit höheren Idealen befaßt statt mit Banalitäten. Es spielt keine Rolle, wenn es sich bei Ihrer Tätigkeit um Unwichtiges zu handeln scheint. Nicht die Art der Arbeit, die Sie leisten, sondern *wie* sie getan wird und wie Sie darüber denken, bestimmt Ihre weitere Entwicklung. Üben Sie in eher unwichtigen Bereichen Gedankenkontrolle, und Sie werden darauf vorbereitet sein, Ihre Gedanken auch bei wichtigeren, größeren Dingen bewußt zu lenken.

Vielleicht liegen Sie in Gedanken manchmal mit jemandem im Streit und reden innerlich aufgebracht mit ihm. Möglicherweise diskutieren Sie so mit ihm, als säße er tatsächlich vor Ihnen. Gleichgültig, was Sie in Worten aussenden, es wird von der anderen Person wahrgenommen. Die Übertragung erfolgt in diesem Fall eher auf der mentalen Ebene. Nicht jeder kann aber die Worte so klar empfangen, wie sie ausgesandt worden sind. Manche Leute erleben sie in Form eines Gefühls, das von Ihnen auf sie zukommt. Andere wiederum liefern sich mit Ihnen ein geistiges Wortgefecht. Sie werden feststellen, daß das nächste Zusammentreffen so erfolgt, als würden Sie verbal dort fortfahren, wo Sie geistig geendet haben.

Wenn Sie telepathisch veranlagt sind, haben Sie damit eine Verantwortung zu tragen – Sie können nicht so tun, als ob Sie nicht wüßten, was sich zwischen Ihnen und anderen Menschen abspielt. In Ihrem Innersten wissen Sie wohl, was vor sich geht, und es ist möglich, dieses Wissen ins Licht des Bewußtseins zu rücken. Sie können sich auch der Verantwortung für die ausgesandten Gedanken nicht entziehen, denn Zorn zu verbreiten heißt, ihn an all jene Menschen weiterzugeben, die man kennt. Sie stimmen sich dadurch auf Leute ein, die ebenfalls wütend sind und nehmen ihre Schwingung in sich auf. Vielleicht glauben Sie, Ihren Zorn nur an die Person weiterzugeben, auf die Sie gerade wütend sind, aber bedenken Sie, daß diese Energien auf telepathischer Ebene alle anderen treffen. Nehmen Sie eine liebevolle, friedfertige Geisteshaltung ein, wird diese Kraft ebenfalls ausgestrahlt und kann von anderen verwendet werden, die das möchten.

Wenn Sie an andere Menschen denken, empfangen diese Energie von Ihnen.

Man hat mich oft gefragt: «Heißt es, jemand anderer denkt an mich, wenn er in meinen Gedanken auftaucht? Wer hat zuerst an wen gedacht?» Das ist eine interessante Frage, die gar nicht so leicht zu beantworten ist.

Wenn Ihnen jemand spontan einfällt, an den Sie nicht oft denken, und plötzlich aus heiterem Himmel sehen Sie ein sehr klares, scharfes Bild vor sich – dann denkt der Betreffende wahrscheinlich im selben Augenblick an Sie. Stehen

Sie mit jemandem in einer engen Beziehung und verbringen daher viel Zeit im Gedenken an ihn – wobei Sie z. B. geistig Fragen stellen oder mit ihm/ihr diskutieren –, kann es sein, daß er gerade an Sie denkt, es muß aber nicht immer zutreffen. Stellen Sie sich vor, Sie schicken jemandem eine Art Tonbandaufnahme, indem Sie an ihn denken. Sie brauchen den Kontakt nicht im selben Augenblick herzustellen. Die Person erhält Ihre Botschaft, sobald sie/er sich in einem Zustand der Empfänglichkeit befindet. Die Botschaften werden vielleicht nicht ganz so klar aufgenommen, wie sie ausgestrahlt worden sind, aber auf irgendeine Weise erreichen sie ihr Ziel.

Angenommen, Sie befinden sich mit jemandem im Streit und teilen ihm/ihr in Gedanken mit, daß Sie sein/ihr Verhalten mißbilligen. Wenn diese Person ein besonders starkes Einfühlungsvermögen entwickelt hat, wird sie Ihre Mitteilung aufnehmen können, und Sie werden spüren, wie sie auf die Auseinandersetzung mit Ihnen eingeht. Hat der Betreffende noch keine telepathischen Fähigkeiten ausgebildet, wird er Ihre Gedanken in Form von Gefühlen (Ärger oder Unmut) aufnehmen und daraufhin selbst verärgert oder verwirrt reagieren. Möglicherweise erhält er/sie die Nachricht nicht in dem Moment, in dem sie abgeschickt wird, sondern fühlt sie (ähnlich einer Bandaufnahme, die später abgehört wird), sobald er/sie in einem empfänglichen Zustand an Sie denkt. Das mag in einem Moment der Stille, des Nachdenkens, Träumens, der Meditation oder einem anderen Zustand geistiger Ruhe erfolgen. Man könnte das Aussenden gedanklicher Botschaften mit dem Wählen einer Telefonnummer vergleichen. Niemand kann Ihnen antworten, solange Sie die Nummer wählen, weil die Leitung ja besetzt ist. Erst nachdem dieser Vorgang beendet ist, können Sie sich mit dem Gesprächspartner in Verbindung setzen. Wenn Sie an jemanden denken, senden Sie bereits eine Nachricht aus. Sind Sie selbst gerade Zuhörer, strahlen Sie in diesem Moment nichts aus. Vielleicht ist Ihnen schon aufgefallen, daß niemand anruft, solange Sie nur dasitzen und darauf warten, daß das Telefon läutet. Aber fünf bis sechs Stunden später läutet ständig das Telefon. Sie sind vielleicht gerade sehr beschäftigt und haben ganz Ihren vorherigen Wunsch vergessen. Das kommt daher, daß die meisten Leute etwas Zeit benötigen, um die ausgesandten Nachrichten zu empfangen und darauf zu reagieren. Genauso, wie jemand nicht ans Telefon gehen kann, wenn er nicht zu Hause ist, brauchen die meisten Menschen Zeit, bis sie ruhig genug sind, um Ihre Botschaft zu hören. Wenn sie gerade in einem Zustand der Ruhe verweilen, z. B. meditieren oder einem Tagtraum nachhängen, während Ihre Nachricht ausgestrahlt wird, erhalten sie diese unter Umständen sofort und reagieren gleich darauf. Ist Ihre Verbindung zu jemandem besonders stark und denken Sie an ihn, gleicht diese mentale Kommunikation einer Bandaufnahme, die der Betreffende abspielen kann, sobald er möchte. Was den Empfang von Botschaften angeht, haben die meisten von Ihnen nicht gelernt, daß Sie *auswählen* können. Es ist möglich, eine solche Nachricht «abzuspielen» oder anzuhalten und nur jene Teile davon anzuhören, die man hören will. Oft läßt man es einfach zu, daß das gesamte Band abläuft, was unangenehme Folgen haben kann, wenn es sich um «schlechte Nachrichten» handelt.

Wie kann man sich also auf mentale Aufnahmen einstimmen und sie nach Belieben abspielen? Sobald Sie an andere denken, schalten Sie das Aufnahmegerät ein und gestatten den Empfang von Mitteilungen. Sie können es jederzeit abstellen, indem Sie nicht mehr an diese Menschen denken oder positive, liebevolle Bilder an sie aussenden. Wenn Sie selbst senden, können Sie nicht gleichzeitig Gedanken oder Gefühle aufnehmen. Wollen Sie die Mitteilung eines Ihrer Freunde nicht hören, denken Sie einfach nicht an ihn. Sie können den Gedanken an andere unterbinden, indem Sie sich statt dessen einer interessanten, heiteren Thematik zuwenden. Taucht jemand ungewollt in Ihren Gedanken auf, senden Sie ihm liebevolle Gedanken und vermitteln Sie ihm das Bild seiner inneren Schönheit und Stärke. Dadurch werden Sie von seinen Mitteilungen weniger stark beeinträchtigt.

Das Verändern der eigenen Denkgewohnheiten macht Freude, wirkt belebend und ermöglicht die Erfahrung neuer, höher entwickelter Gedankenwelten.

Wenn Sie im Auto unterwegs sind und an Ihre Besorgungen und Verpflichtungen denken, können Sie sich bewußt bemühen, die Gedanken auf Ihre höhere Bestimmung, Ihren Pfad und Ihren Beitrag zu dieser Welt zu lenken. Überlegen Sie, welche Eigenschaften Sie gerne entwickeln würden – bedingungslose Liebe, Frieden, Weisheit. Anfangs müssen Sie sich für solche Gedanken vielleicht bewußt entscheiden und das Gemüt immer wieder in seiner Ausrichtung schulen, anstatt den üblichen Dingen nachzuhängen. Zu Beginn gelingt es oft nur für ein paar Sekunden, bis sich das Denken daran gewöhnt hat, sich höheren Idealen und Prinzipien zu widmen. Haben Sie ein wertvolleres Thema entdeckt, dem Sie sich widmen wollen, werden Sie Ihre alten Denkgewohnheiten ablegen und keine Nachrichten mehr aufnehmen, die Sie auf einer niedrigen Ebene zu erreichen suchen. Dieselbe Technik kann man verwenden, um das Aufnahmegerät abzuschalten. Wenn Sie von bestimmen Leuten keine Mitteilung wünschen, richten Sie Ihre Gedanken nicht auf sie aus. Beschäftigen Sie Ihren Geist mit etwas, das Sie interessiert und freudig stimmt. Dadurch werden Sie sich langsam aber sicher solchen Nachrichten entziehen.

Wie ist es möglich, nur einen bestimmten Teil einer Botschaft anzuhören? Angenommen, der Gedanke an eine Freundin wirkt deprimierend auf Sie. Sobald Sie an diese Frau denken, fühlen Sie sich bedrückt oder sogar geschwächt. Vielleicht tut sie Ihnen leid und Sie wünschten, sie würde ihr Leben besser bewältigen, oder ihre Beziehung zueinander steckt gerade in einer schwierigen Phase, und der Gedanke daran macht Sie traurig. Wollen Sie nur die guten Seiten ihrer Mitteilung wahrnehmen, bemühen Sie sich bewußt, zentriert zu bleiben, sobald Sie an sie denken. Wenn Sie in solche Gedanken einfach nur hineingeraten, öffnen Sie sich jeder beliebigen Nachricht, die gerade durchdringt. Richten Sie sich jedoch vorher aus, indem Sie sich auf Ihre eigene Energie konzentrieren, entspannt, ruhig und zuversichtlich bleiben, können Sie sich auf den liebevollen Teil der Botschaft einstimmen, den Ihnen die Seele des anderen sendet. Gelingt es Ihnen, Ruhe auszustrahlen, anstatt die Problematik des anderen aufzunehmen, können Sie den Empfang der Nachricht kontrollieren. Falls jemand wirklich schwächend auf Sie wirkt, senden Sie bewußt folgende Gedanken aus: «Ich betrachte dich als liebevolles, hoch entwickeltes Wesen. Ich möchte meine Seele zu dir sprechen lassen und öffne mich jetzt, um dich anzuhören.» Ist Ihnen das Echo, das darauf folgt, eher unangenehm, können Sie den Empfang entweder abschalten oder Heilkraft an den anderen aussenden.

Wollen Sie jemandem Heilkraft senden, vergegenwärtigen Sie sich Liebe und Mitgefühl für den anderen. Stellen Sie sich vor, wie er sein Leben in der für ihn entsprechenden Weise in Ordnung bringt. Sehen Sie seine Größe und seelische Schönheit vor sich. Die Ausstrahlung liebevoller, heilender Gedanken wird auch die Qualität Ihrer telepathischen

Botschaften verbessern. Wenn Sie jedem Gedanken, den Sie an jemanden aussenden, Liebe und Unterstützung beifügen, wird sich auch ein deutlicher Unterschied in den Dingen bemerkbar machen, die Sie zurückbekommen.

Wenn man wirklich will, gibt es immer eine Möglichkeit, den Gedanken an eine Person zu verhindern.

Konzentrieren Sie sich bewußt auf Themen, die Sie gerne haben. Nehmen Sie sich die Zeit, um sich ein paar schöne Bilder oder Phantasien auszumalen, die Sie bereit haben, sobald Ihnen eine bestimmte Person einfällt. Sie müssen wirklich die *Absicht* haben, die Gedanken an ihn/sie abzustellen, sonst kommen sie immer wieder. Es ist eine sehr gute Gelegenheit für geistiges Training!

Mit den Menschen, denen Sie Ihr Herz geöffnet haben, sind Sie telepathisch am stärksten verbunden. Die Herausforderung bei einer solchen Herzensverbindung besteht nun im Abstellen der Gedanken. Wenn Sie nicht ständig durch die Mitteilungen des anderen bombardiert werden wollen, halten Sie sich vor Augen, daß jeder Gedanke an ihn eine Öffnung darstellt, durch die jede beliebige Nachricht eindringen kann. Außerdem öffnen Sie sich damit all den Gefühlen, die er empfindet. Senden Sie ihm einen Gedanken der Liebe – dadurch sind Sie für seine Energie nicht empfänglich.

Wenn Sie eine Forderung an jemanden richten und ihn telepathisch unter Druck setzen, stoßen Sie ihn/sie dadurch weg. Und je mehr sich der Betreffende vor Ihnen zurückzieht, desto heftiger versuchen Sie vermutlich, zu ihm durchzudringen. Wenn jemand etwas von Ihnen fordert, das Sie nicht zu geben bereit sind, fühlen Sie sich bedrängt und werden sich unweigerlich zurückziehen. Schaffen Sie aber etwas Raum, indem Sie sich innerlich zurücknehmen und sich mehr auf Ihr eigenes Leben und seine Sinngebung konzentrieren, wird der andere wahrscheinlich bald den Wunsch haben, mit Ihnen in Kontakt zu treten. Wenn Sie etwas von jemandem wollen, z. B. daß er an Sie denkt oder Ihnen Aufmerksamkeit schenkt, erreichen Sie das am ehesten, indem Sie Ihre Aufmerksamkeit von ihm abziehen. Häufig geschieht jedoch das Gegenteil – Sie denken andauernd an den Betreffenden, investieren Ihre ganze Energie in diesen Menschen und bewirken doch das Gegenteil von dem, was Sie sich wünschen. Er wird von Ihren Gedanken derart bombardiert, daß er Ihre Anwesenheit ständig in seinem Umfeld spürt. Warum sollte er also Ihre Gesellschaft suchen, wenn Sie in Form einer mentalen Botschaft ohnehin ständig bei ihm sind, sobald sein Geist zur Ruhe kommt? Wollen Sie jemandes Aufmerksamkeit auf sich ziehen, versuchen Sie, nicht an ihn/sie zu denken, und kümmern Sie sich um Ihre eigenen Angelegenheiten. Konzentrieren Sie sich auf etwas anderes, sobald Ihnen diese Person in den Sinn kommt, oder lassen Sie ihr Bild sich im Geiste in Licht auflösen. Versuchen Sie aber nicht ständig zu überprüfen, ob es auch funktioniert (beachtet er/sie mich jetzt?). Das würde bedeuten, wieder Energie an diese Person auszusenden. Sie müssen so weit kommen, daß Sie mit Ihrem Leben und Ihrer Arbeit so beschäftigt sind, daß tatsächlich ein Vakuum entsteht. Wenn er/sie an Sie denkt, ist wirklich *nichts* vorhanden. Dann wird sich diese Person zu Ihnen hingezogen fühlen.

Oft glaubt man, das Gewünschte werde dann eintreffen, wenn man sich vorstellt, wie es einem gegeben wird. Gewöhnlich funktioniert es aber nicht so. Man verursacht dadurch nur Widerstände.

Wenn Sie von jemandem etwas Bestimmtes wollen, erinnern Sie sich an einen Zeitpunkt, wo Sie das Gewünschte selbst jemand anderem geschenkt haben.

Wenn Sie z. B. Freunde im Haus haben und Mithilfe bei der Hausarbeit möchten, erinnern Sie sich daran, wie Sie jemandem zur Hand gegangen sind, als Sie bei ihm zu Besuch waren. Bedenken Sie, daß die meisten Menschen eher ablehnend reagieren, wenn sie von Ihnen ständig mit derselben Bitte belästigt werden. Erinnern Sie sich jedoch jener Momente, wo Sie diese Dinge selbst getan oder gegeben haben, wird der andere diese Bilder aufnehmen, sobald er an Sie denkt. Daraufhin wird er ebenfalls den Wunsch verspüren, das zu tun, was Sie einmal für andere getan haben.

Wie kann man mit Leuten umgehen, die einen erschöpfen? Als erstes gilt es zu erkennen, daß das nicht möglich wäre, wenn man es nicht auf irgendeine Weise selbst erlaubte. Obwohl Sie sich vielleicht sagen: «Ich will aber nicht von ihnen ausgelaugt werden», lassen Sie es auf einer bestimmten Ebene doch zu. Wenn Sie keine klaren Grenzen ziehen, wird es der andere ebenfalls nicht tun. Sie müssen sehr deutlich zum Ausdruck bringen, daß Sie sich nicht auslaugen lassen wollen und daß Sie keinerlei Verantwortung für das Leben anderer übernehmen. Dann können Sie von anderen auch nicht geschwächt werden. Sobald Sie sich nicht für das Wohlbefinden anderer verantwortlich machen, kann man Ihnen auch keine Energie mehr abziehen. Sie können jedoch weiterhin Gedanken der Liebe und des Friedens senden, was immer hilfreich wirkt.

Diese Art von Kraftverlust wird nicht so sehr durch telepathische Verbindungen verursacht. Sie geht vielmehr auf Ihre eigene Persönlichkeit zurück, auf Ihre Anschauungen und Entscheidungen darüber, welche Rechte Sie im Hinblick auf andere Menschen haben und welche nicht. Man kann Leute, die nur Forderungen stellen, auch aus seinem Empfangsbereich streichen. Wenn Sie aber glauben, Sie seien es jemandem schuldig, sich seine Klagen anzuhören und ständig für ihn da zu sein, obwohl Sie keine Lust dazu haben, werden Sie sich weiterhin durch ihn geschwächt fühlen. Vielleicht meinen Sie, es gebe keine Möglichkeit, diese Verbindung abzubrechen. Aber sie besteht durchaus, indem Sie sich klar machen, daß Sie *sehr wohl* ein Recht auf Ihr eigenes Leben haben.

In dem Maße, wie Sie sich für das Glück anderer verantwortlich fühlen, können diese auch an Ihnen zerren und Energien abziehen. Unter Umständen setzt der andere nur Schuldgefühle und Manipulation gegen Sie ein, und Sie lassen das zu, weil Sie glauben, ihm etwas zu schulden. Übergeben Sie ihm aber die Verantwortung für sein eigenes Leben, werden Sie sich nicht mehr so unwohl fühlen. Halten Sie sich folgendes vor Augen: Nur er selbst kann seine Kraft entwikkeln, positive Gefühle entstehen lassen und sich geben, was er braucht. Dann wird die Kommunikation mit ihm nicht mehr erschöpfend auf Sie wirken. Nur wenn Sie es gestatten und glauben, es nicht zu verdienen, daß man Sie in Frieden läßt, können andere von Ihren Energien zehren.

Eine Frau befragte mich in Hinblick auf ihren Nachbarn, der sich ihr gegenüber unfreundlich und kalt gab und auf ihre Liebe und positiven Gedanken nicht reagierte. Sie wußte nicht, wie sie seine negativen Energien bewältigen sollte. Wenn Sie jemandem immer wieder Liebe senden und der Betreffende scheint nur mit Negativität oder überhaupt nicht zu reagieren, will er Ihre Zuwendung vielleicht gar nicht. In diesem Fall mußte die Frau ihre Energie diesem Menschen entziehen. Als sie das getan hatte, fühlte er sich frei, ihre Gesellschaft zu suchen. Er war so erfüllt von ihrer Energie, daß er Widerstände entwickelt hatte. Es war viel mehr Liebe, als er überhaupt ertragen konnte. Sie hörte tatsächlich auf, sich ihm gedanklich zu widmen, und innerhalb eines Monats kam er zu ihr und fragte, ob er ihr irgendwie behilflich sein könne.

Was tun, wenn der Gedanke an jemand anderen schmerzlich ist und sich ein emotioneller Knoten bildet, der Sie geradezu überwältigt und Sie blockiert, so daß Sie keinen liebevollen Gedanken mehr haben können? Manchmal besteht die einzige Möglichkeit zur Beruhigung der Gefühle darin, daß man die Stimme des Verstandes lauter werden läßt. Sie können lernen, innerlich positive Worte zu wiederholen, ob Sie nun daran glauben oder nicht. Sie unterdrücken damit nicht Ihren Schmerz, sondern lassen das Höhere Selbst zu sich sprechen. Nehmen Sie sich Ihren Schmerz nicht übel. Betrachten Sie ihn nicht als etwas Schlechtes, denn das verstärkt seine Macht über Sie. Wenn der schmerzende Teil behauptet: «Das funktioniert nicht, alles geht schief, dieser Mensch hat mich verlassen, er haßt mich», wiederholen Sie im Geist ohne Unterlaß positive, hohe Begriffe. Selbst wenn Sie sich nicht auf die Worte konzentrieren können und feststellen, daß Ihre Gedanken immer wieder abschweifen, beharren Sie darauf. Der Geist kann durchaus über die Gefühle herrschen.

***Gefühle lassen sich beruhigen,
indem man innerlich liebevolle,
inspirierende Begriffe wiederholt.***

Die Kraft der Gedanken ist Ihnen verliehen worden, damit Sie Herrschaft über Ihr Niederes Selbst gewinnen. Gedanken sind ein hilfreiches Instrument zur Transformation der Persönlichkeit. Durch den Verstand kann das Licht der Weisheit in jene Bereiche gelenkt werden, wo Unwissenheit und Dunkelheit vorherrschen. Wenn Sie sich von Ihren Emotionen überwältigt fühlen, können Sie auch die positiven Bekräftigungen niederschreiben, z. B.: «Das Universum arbeitet in vollkommener Harmonie. Alles geschieht zu meinem höchsten Wohl. Ich erkenne ein Universum der Schönheit und Vollkommenheit.»

Denken Sie in solchen Begriffen, wiederholen Sie sie fortwährend. Lassen Sie sich von der Stimme durchdringen, die sagt: «Alles geschieht zu meinem Besten, alles befindet sich in wohlgeordneter Harmonie.» Je stärker die positiven Gedanken in Ihnen werden, um so eher gelingt es Ihnen, Ihre Emotionen zur Ruhe zu bringen. Bekräftigen Sie die spirituellen Wahrheiten und Prinzipien der Seele wie Harmonie, Gleichgewicht und Frieden. Wenn Sie hohe Begriffe innerlich wiederholen, wird allein ihre Schwingung die Gefühle bereits beruhigen. Es erfordert jedoch Disziplin und Übung. Es gibt keine leichten Lösungen. Sie müssen wirklich die Absicht und den Willen entwickeln, auf eine höhere Ebene zu gelangen, dann werden die gewünschten Ergebnisse folgen.

Telepathie – das Verstehen nonverbaler Kommunikation

Übungsbogen

1) Erinnern Sie sich daran, wie Sie heute morgen aufgewacht sind. Wie haben Sie sich gefühlt? Welche Dinge sind Ihnen beim Gedanken an den neuen Tag durch den Kopf gegangen?

2) Wen haben Sie gesehen oder gesprochen? Wie hat sich Ihre Energie vor, während und nach der Begegnung verändert? Können Sie sich an Momente erinnern, in denen Sie die Energie des anderen aufgenommen haben? Machen Sie sich eine Liste von all den Personen, denen Sie heute begegnet sind, und notieren Sie, was Sie dabei empfunden haben.

Person: Empfindung:

3) Erinnern Sie sich an Gedanken oder Gefühle, die Ihnen beim Zusammensein angenehm gewesen sind, und stellen Sie sich vor, diese Gedanken und Gefühle in Licht aufzulösen. Atmen Sie tief durch und spüren Sie, wie Sie Ihr Gleichgewicht wiederfinden.

XVI
Wie man die Führung der höheren Mächte erhält

Es ist möglich, Information aus den höheren Welten des Universums zu empfangen. So wie es telepathische Quellen von menschlicher Seite gibt, existieren auch zahlreiche höhere Gedankenströmungen, auf die Sie sich einstimmen können. Die höheren Bereiche des Wissens und der Führung sind jederzeit zugänglich. Aber so, wie man Radiowellen weder sehen noch berühren kann, sind auch diese Strömungen nicht wahrnehmbar – außer Sie haben den *Willen,* sie wahrzunehmen.

Es existieren unterschiedliche Informationsebenen. Bei manchen geht es um Wissenschaft, bei anderen um Geschäftliches, auf anderen um Lehren aller Art oder um Visionen des Friedens. Alles bekannte und noch zu erkennende Wissen ist dort zugänglich. Man hat diese Ebenen auch als «universelles Bewußtsein» bezeichnet. Sie bilden ein kollektives Ganzes von Lebenskraftenergie, das jenseits von Raum und Zeit existiert. Viele große Wissenschaftler haben sich diese Ebene für ihre Erfindungen erschlossen. Zahlreiche neue Entdeckungen, Ideen und Konzepte sind durch die Einstimmung auf diese Frequenzen möglich geworden. Sie können von dort Informationen beziehen, die Ihnen im Geschäftsleben helfen, die Ihre Kreativität steigern oder Ihren Wohlstand fördern. Jene von Ihnen, die Frieden auf dieser Erde und in ihrem Leben anstreben, können sich die Ebene erschließen, in der dieser Friede möglich wird.

Auch heilende Ausstrahlung ist jederzeit zugänglich. Sie besteht aus Liebe, Mitgefühl und Frieden. Falls Sie Hilfe brauchen, stehen immer Führung und Liebe durch höhere Mächte zur Verfügung, um Ihre Energie zu erhöhen und alles, was Liebe benötigt, zu heilen. Menschen, die eine heilende oder beratende Tätigkeit ausüben, beziehen häufig die Kraft für ihre Arbeit aus diesem Bereich. Jeder kann sich darauf einstimmen. Sobald Sie sich auf diese Frequenz eingestellt haben, wissen Sie mit einer Sicherheit, die jenseits der bewußten Wahrnehmung liegt, was zu tun oder zu sagen ist.

Wirkliches Heilen erfordert Mitgefühl und Liebe – für sich und andere.

Ob Sie durch Ihre Hände bei Körpertherapie und Massage heilend wirken und Information und Energie hindurchleiten oder ob Sie anderen durch Ihre Stimme, durch Gedanken oder Worte helfen, immer beziehen Sie Kraft aus diesem Bereich. Jeder, der anderen auf irgendeine Weise behilflich ist, ob durch seine Arbeit, im Familienleben oder in freundschaftlichen Beziehungen, stimmt sich auf diesen Strom der Heilung und Liebe ein. Immer, wenn Sie Dienst am Nächsten tun, empfangen Sie diese Ausstrahlung und beginnen selbst, heilende Impulse auszusenden. Durch die Einstimmung auf diese Frequenzen stärken Sie gleichermaßen Ihre Liebe zu sich wie Ihre Heilkraft.

Auch die Führung zahlreicher großer Meister und spiritueller Lehrer, die physisch auf der Erde zugegen sind oder in anderen Dimensionen weilen, ist Ihnen zugänglich. Viele hoch entwickelte Wesen, die nicht mehr «am Leben sind», konzentrieren ihre Kraft auf Frieden und Liebe und können als persönliche Führer wirken. Sie sind zugegen, um die Wahrung einer höheren Vision für die Menschheit zu unterstützen, aber auch jedem einzelnen zu helfen, der sie ruft. Sie alle haben einen solchen Geistführer, ob es Ihnen bewußt ist oder nicht. Es gibt verschiedene Wege, auf denen Ihnen Ihr geistiger Helfer Wissen zukommen lassen kann. Jede Antwort, nach der Sie suchen, jegliche Information, die Sie wünschen, ist bereits vorhanden. Sie erhalten fortwährend entsprechende Impulse zugesandt. Diese Führer wollen Ihnen helfen, sich Ihrer Fähigkeit bewußt zu werden, auf höhere Ebenen des Wissens und der Erfahrung gelangen zu können. Sie wollen Ihnen helfen, Ihre eigene Weisheit und die ständige Führung durch Ihre Seele zu entdecken. Ihre Helfer werden Ihnen keine Ihrer Lektionen ersparen, aber mit deren Unterstützung werden Sie leichter einsehen, was es zu lernen gilt, so daß Sie die jeweilige Erfahrung schneller verarbeiten können. Haben Sie eine Frage gestellt, wird Ihnen Ihr Führer eine erweiterte Sicht der Situation zeigen, was Ihnen ein besseres Verständnis gibt und eine liebevolle, mitfühlende Handlungsweise ermöglicht. Sobald Sie eine Situation auf diese Weise betrachten, können Sie allen Schmerz loslassen und sich selbst als liebevollen, warmherzigen Menschen annehmen.

Wenn Sie geistige Führung erhalten wollen, brauchen Sie nur darum zu bitten und dann aufmerksam hinzuhören.

Sie können sich auf jede Ebene der inneren Führung und Information einstimmen, wenn Sie die Absicht und den Willen dazu haben. Was ist Wille, was ist Absicht? Vielleicht betrachten Sie den Willen als den Teil in Ihnen, der sagt: «Ich werde mich zwingen, dies oder jenes zu tun.» Richtiger Gebrauch des Willens würde aber bedeuten, etwas so gerne zu tun, daß man es in die Tat umsetzen kann, ohne sich dazu zwingen oder überwinden zu müssen. Sie wissen selbst, welche Ergebnisse Sie erzielen, wenn Sie etwas mit Begeisterung angehen, und wie die Sache aussieht, wenn Sie sich dazu zwingen müssen. Sie erhalten keine guten Resultate, wenn Sie sich zu einer Sache erst durchringen müssen oder sehr unentschlossen sind.

Wille bedeutet eine klare Ausrichtung auf etwas, das Sie begeistert. Je weniger diese Ausrichtung durch Ängste, Zweifel und Widerstände verwässert wird und je konzentrierter Sie sich wie ein Laserstrahl auf Ihr Ziel zubewegen, um so stärker wird die Fähigkeit des Willens, das Gewünschte herbeizuführen.

Manchmal wünscht man sich bestimmte Dinge, denkt häufig daran und ist verwundert, weil sie nicht eintreffen. Je unsicherer Sie in Ihren Wünschen sind, um so länger dauert ihre Erfüllung. Wenn Sie klare Vorstellungen haben und Ihren Willen konzentrieren, erreichen Sie das Gewünschte auch. Stellen Sie sich vor, daß der Wille, der etwas bewirken möchte, ins Universum hinausgeht und das Entsprechende findet. Dann verleiht er Ihrem Körper die Kraft, es anzuziehen. Der Wille kann Ihnen jeden beliebigen Wunsch erfüllen, auch wenn es sich um die telepathische Verbindung zu den höheren Bereichen des Universums handelt.

Jene unter Ihnen, die als Heiler, Lehrer oder Berater tätig sind, haben auch eine entsprechend starke Motivation, die Absicht und den Wunsch, wodurch Heilung erst möglich wird. Heilung kann ein Bereich sein, den Sie bewußt gewählt haben, es kann aber auch sein, daß Sie «zufällig» darauf gestoßen sind. Um wirklich fähig und erfolgreich auf diesem Gebiet arbeiten zu können, muß man seine ganze Absicht und seinen Willen darauf ausrichten. Der Wille ist sozusagen der Schaltknopf, mit dem Sie den richtigen Sender einstellen können. Es gibt keinen Zauberspruch, der Sie zum Heiler macht, ob Sie nun mit den Händen, den Gedanken oder mit Worten heilen. Wenn Sie etwas Bestimmtes anstreben – sei es, daß Sie Schriftsteller, Schauspieler, Sportler, ein Medium oder ein erfolgreicher Geschäftsmann werden wollen – so brauchen Sie nur diesen Willen in die Tat umzusetzen, um es zu erreichen. Die Energien höherer Ebenen, die Sie Ihrer höchsten Möglichkeit zuführen, sind allen zugänglich, die darum bitten. Der Wille, etwas zu tun oder zu sein, erschließt Ihnen automatisch den Bereich, der Ihnen in diesem Fall entspricht.

Viele von Ihnen würden gerne direkt Hilfe für andere leisten. Und viele von Ihnen gehen einer Arbeit nach, die mit ihrem höheren Lebensziel nicht in Einklang zu stehen scheint. Vielleicht fragen Sie sich, ob Sie etwas anderes tun sollten, ob Sie eine Sendung zu erfüllen haben, obwohl Sie nicht wissen welche. Allein dieser Gedanke weist darauf hin, daß Sie ein Heiler sind und tatsächlich um des Heilens willen hierher gekommen sind. In diesem Zusammenhang gibt es keinerlei «Zufälle» oder «Glück». Wenn Sie herausfinden wollen, was Ihre Aufgabe ist, oder wenn Sie den Wunsch haben, Ihren Nächsten zu dienen, müssen Sie sich zuerst dafür entscheiden, es wirklich zu *wollen*. Der Ausgangspunkt ist dort, wo Sie sich gerade befinden – indem Sie all Ihren Mitmenschen helfen und dienen.

Wollen Sie den Kontakt zu Ihrem geistigen Führer herstellen, brauchen Sie nur einen festen Entschluß zu fassen und das Universum um diese Erfahrung zu bitten. Haben Sie Ihren Willen, Ihre Absicht und Ihre Entschlossenheit wirklich darauf ausgerichtet, wird dieses Ereignis eintreten. Je fester der Wunsch, einem solchen Führer zu begegnen, um so schneller wird er in Ihr Leben treten. Möglicherweise stoßen Sie auf bestimmte Bücher, Menschen etc., die Ihnen den Weg zeigen sollen.

Wie konzentriert man seinen Willen? Als erstes erinnern Sie sich an irgendeine Zeit, als Sie sich ein Ziel gesteckt und es erreicht haben. Während Sie diese Erfahrung wachrufen, bringen Sie die entsprechende Energie in Ihre momentane Realität ein. Erinnern Sie sich nun an einen Zeitpunkt, wo Sie ein Ziel mit sehr viel Intensität zu erreichen suchten und damit Erfolg hatten. Angenommen, Sie wünschten sich ein neues Auto. Sie haben sich also danach umgesehen, Autos angefaßt und gefahren, überlegt, etwas darüber gelesen und sich schließlich das Geld besorgt, um eines zu kaufen. Beachten Sie, welche Entschlossenheit Sie damals an den Tag legten, um etwas wirklich zu bekommen. Dann wissen Sie auch, was erforderlich ist, um jetzt erfolgreich zu sein.

Bei einigen Dingen hat es vielleicht etwas länger gedauert. Überlegen Sie genauer – dann wird sich zeigen, daß Sie sich nicht besonders darauf konzentriert oder nur selten daran gedacht haben. Möglicherweise haben Sie sogar oft daran gedacht, aber nicht an Ihren Erfolg geglaubt.

40 000 bis 50 000 Gedanken gehen Ihnen täglich durch den Kopf. Wenn Sie 1000 bis 2000 davon auf ein bestimmtes Ziel richten, werden Sie es bald erreichen.

Die meisten von Ihnen denken einmal, vielleicht auch zwei- bis dreimal pro Tag an ein bestimmtes Ziel und fragen sich dann, warum es solange dauert, es zu verwirklichen. Gedanken sind Energie. Je intensiver Sie an etwas denken, um so mehr Energie beziehen Sie aus Ihrer inneren Welt, um das Gedachte in die physische Realität umzusetzen.

Die Anzahl der Gedanken, die Sie einer Sache widmen, und der Glaube bzw. die Intensität der Gefühlsenergie, die Sie dafür aufbringen, bestimmt, wie schnell dieser Wunsch Wirklichkeit wird. Der emotionell aufgeladene Glaube an den Erfolg ist besonders wichtig. Durch ihre Intensität wirken die Emotionen wie ein Motor für die Gedanken, die dann Realität werden. Je weniger Sie zweifeln, um so schneller werden Sie bekommen, was Sie sich wünschen. Stellen Sie sich einen Karton vor, der das Gewünschte symbolisiert. Bei jedem Gedanken an dieses Ziel füllt sich der Karton immer mehr, und wenn die kritische Masse erreicht ist, wird es zur Wirklichkeit. Denken Sie oft genug an Ihr Ziel, wird einmal der Punkt erreicht, wo es sich tatsächlich manifestiert. Wie lange das dauert, hängt davon ab, wie fest Sie daran glauben. Das gilt allerdings nicht für Forderungen, die Sie an eine andere Person stellen, denn Sie besitzen nur über Ihre eigene Realität die Kontrolle, aber nicht über die eines anderen. Fordert man von jemandem etwas, das er nicht zu geben bereit ist, wird er sich normalerweise zurückziehen.

Wenn Sie fest an etwas glauben können, sich darauf

freuen, die Bilder richtiggehend ausmalen und Ihre Vorfreude und Erwartung in diesem Sinne einsetzen, wird sich der Wunsch sehr bald erfüllen. Bedenken Sie aber, daß auch Emotionen wie Angst oder Zweifel das bewirken, worauf man sie richtet. Falls Sie vor etwas Angst haben und denken immer wieder, es möge nicht geschehen, füllt sich aufgrund Ihrer Gedanken ein Karton mit der Aufschrift: «Was nicht geschehen soll», und genau das verwirklicht sich schließlich.

Wenn Sie Ihren Willen also klar ausrichten wollen, achten Sie auf die Zweifel, die in Ihnen aufsteigen, die Bereiche, wo eine Stimme in Ihnen sagt: «Das kann ich nicht erreichen.» Hier gibt es zwei Kartons – den einen mit der Aufschrift: «Ich kann», der mit positiven Gedanken und freudigen Emotionen gefüllt ist, und den anderen mit dem Etikett: «Ich kann nicht», der von Ängsten und negativen Gedanken erfüllt ist. Wenn Sie vielen positiven Gedanken Nahrung geben, die aber von ebenso vielen negativen Gedanken aufgewogen werden, ist das Ergebnis gleich Null. Ihr Wunsch, etwas zu erreichen, muß stärker sein als die Angst, es nicht zu erreichen. Jeder Augenblick des Zweifels schwächt die Energie, die Sie zur Erreichung Ihres Zieles investieren. Nehmen Sie sich solche Gedanken nicht übel, aber wenden Sie sich sofort einem positiven Impuls zu, sobald Sie etwas Negatives in sich aufsteigen fühlen.

Wenn Sie fest entschlossen sind, geistige Führung zu erhalten, und sich schon darauf freuen, wird Sie Ihnen auch gewährt werden. Der Empfang der entsprechenden Ausstrahlung erfolgt blitzartig, jenseits der Verstandesebene. Zu dem Zeitpunkt, in dem der Verstand eine Idee bewußt erfaßt, ist die Information bereits in eines Ihrer höheren Energiezentren eingetreten und absorbiert worden.

Wenn Sie sich entschlossen an die höheren Welten wenden, werden Sie mit absoluter Sicherheit jede gewünschte Information oder benötigte Hilfe erhalten.

Das Erleben der höheren Welten erfolgt oft in Form des *inneren Sehens.* Sie verfügen alle über dieses innere Wissen, den sechsten Sinn, das sichere Gefühl, daß etwas geschehen wird, und haben solche Erfahrungen bereits gemacht. Vielleicht spürten Sie, daß es jemandem, dem Sie gerade gegenübersitzen, nicht besonders gut ging. Manchmal sieht man Leute an und weiß einfach etwas über sie, das man nach menschlichem Ermessen eigentlich nur erfahren könnte, wenn man eine zusätzliche Dimension der Einsicht kennt.

Im Hinblick auf Ihr Leben werden Ihnen fortwährend Einsichten und neue Gedanken gewährt. Telepathische Botschaften werden unmittelbar übertragen, so daß man sich ihres Empfanges gar nicht bewußt ist. Es gibt keine Erklärung dafür, wie Sie Ihre geistige Führung bewußt wahrnehmen können, weil sie jenseits der Bewußtheit erfolgt. Als erstes macht sie sich durch Gedanken und inneres Schauen bemerkbar. Plötzlich stoßen Sie auf eine neue Lösung für ein Problem, oder es erfolgt ein Wandel in Ihrem Bewußtsein. Das sind die ersten Anzeichen für den Empfang einer entsprechenden Botschaft. Hat die Führung auch Ihr emotionales Selbst erreicht, werden Sie feststellen, daß bestimmte Situationen nicht mehr die gewohnte Gefühlsreaktion auslösen. Wird auch Ihr Herz davon erfaßt, empfinden Sie in Bereichen, wo so etwas vorher nicht möglich schien, plötzlich Weite, Liebe und Vergebung, und Sie teilen sich neu und anders mit. Greift diese Kraft auf den Körper über, wandelt sich das physische Erscheinungsbild oder zumindest das Körperbewußtsein.

Information ist immer vorhanden, das einzige Hindernis ist der mangelnde Wille, sie tatsächlich zu empfangen. Möchten Sie mehr wissen, brauchen Sie lediglich diese *Entscheidung* zu treffen und sich darauf zu konzentrieren. Ertappen Sie sich beim Gedanken an Banales, der nirgendwohin führt und nur zeitraubend ist, richten Sie Ihre Aufmerksamkeit lieber auf das Thema, über das Sie mehr erfahren wollen. Dann halten Sie kurz inne und öffnen sich, um die Antwort zu empfangen. Innerhalb von ein bis zwei Stunden werden Sie auf ein Stückchen neuer Information stoßen. Es ist einfach, sich an das universelle Bewußtsein anzuschließen. Man braucht sich nur für den Empfang bereit zu machen. Die Information kann über ein Buch oder einen Freund bei Ihnen anlangen, oder Sie sehen oder hören etwas Spezifisches, oder die Nachricht taucht in Form eines neuen Gedankens auf. Wenn Sie sich entspannen und in die Stille gehen, läßt sich dieser Strom leichter lenken. Es ist wichtig anzuerkennen, daß die Information eingetroffen *ist.* In Verbindung mit dem Willen und der festen Absicht stärken Sie damit auch den Glauben an Ihre eigene schöpferische Fähigkeit.

Sie alle sind unabhängige Wesen, die ihr Leben und Schicksal durch ihre Absicht und ihren Willen bestimmen. Je deutlicher Sie den Zusammenhang zwischen dem Gewünschten und seinem Eintreten sehen, um so stärker wird die Fähigkeit, es zu bewirken. Mit jeder neuen Idee und jedem neuen Gedanken, über deren Entdeckung Sie sich freuen, öffnen Sie sich weiter, um noch mehr zu empfangen.

Wenn Sie Ihre Ziele zu Papier bringen, erfolgt ihre Verwirklichung noch schneller.

Vielleicht suchen Sie nach mehr Wissen, möchten anderen dienen oder z. B. als Medium tätig sein. Es kann auch um eine geschäftliche Möglichkeit, einen neuen Beruf oder etwas anderes gehen. Schreiben Sie Ihre Absicht nieder und senden Sie eine klare Botschaft an das Universum aus: «Ich beabsichtige, ein Buch zu schreiben», oder: «Ich habe vor, meine medialen Fähigkeiten zu entwickeln, hier und jetzt.» Je deutlicher Sie sich auf eine bestimmte Richtung festlegen, um so schneller tritt der Erfolg ein. Auf diese Weise ziehen Sie die entsprechende Führung und Information vermehrt an.

Sie können sich z. B. in einer ruhigen Minute auch fest vornehmen, daß Sie neue Einsichten im Hinblick auf Ihre Arbeit gewinnen wollen. Seien Sie bereit, diese Einsichten auch zu erkennen, und lassen Sie die Bitte dann los. Beobachten Sie, was Ihnen im Verlauf der nächsten Tageshälfte oder sogar innerhalb der nächsten halben Stunde durch den Kopf geht, allein um herauszufinden, *wie* sich die Aufnahme höherer Botschaften anfühlt.

Vielfach werde ich gefragt: «Wie kann ich meine Gedanken von den höheren Eingebungen des Universums unterscheiden?», denn Sie überlegen sich vielleicht: «War das jetzt eine Enthüllung, eine Inspiration oder ein eigener Gedanke?» Es gibt keinen Unterschied. Der telepathische Empfang höheren Wissens erfolgt jenseits der wachbewußten Phase. Sie bemerken es erst, wenn Ihr Denken schon davon berührt worden ist. Manche von Ihnen spüren diese Impulse auch eher, z. B. beim Heilen, wenn Sie die Energien fühlen. Es gibt noch andere Wahrnehmungsmethoden, aber der tatsächliche Empfang erfolgt jenseits der Erkenntnisfähigkeit. Als Antwort auf Ihre Fragen: «Wie erkenne ich eine Nachricht?

Wie kann ich besser empfangen?» gilt: Wollen Sie einen besseren Empfang und diese Absicht ist stark genug, wird es auch geschehen. Dasselbe gilt für Ihre innere Führung.

Jedesmal, wenn ein Gedanke auftaucht, der jenseits Ihrer normalen Reichweite zu liegen scheint – vielleicht gehen Sie gerade die Straße entlang und erleben plötzlich einen «Geistesblitz» –, haben Sie die Information einer höheren Ebene empfangen. Viele von ihnen erwarten eine Stimme, die direkt aus dem Himmel zu Ihnen spricht. Gewöhnlich sieht die Sache anders aus. Meist fühlt es sich wie ein eigener Gedankengang oder eine eigene Vorstellung an. Zu dem Zeitpunkt, an dem Sie sich der Information bewußt werden, ist sie bereits in die Welt der Form eingegangen, d. h. in Ihre Gedanken und in Ihren Körper. Diese Ideen erscheinen wie Ihre eigenen, verfügen aber über eine neue Qualität. Sie sind anders geartet und bringen eine neue, liebevolle Sichtweise mit sich. Taucht ein neuer Gedanke auf, ist das ein Zeichen dafür, daß Sie mit einer höheren Ebene der Führung im Einklang stehen.

Je mehr Sie das zu schätzen wissen, um so mehr telepathische Nachrichten werden Sie weiterhin empfangen. Die alten Denkmuster werden Ihnen zusehends langweiliger erscheinen. Man wird es einfach müde, immer dasselbe Problem «durchzukauen», wo es doch viel lohnender ist, neue Inspiration und Einsicht zu erhalten. Die Seele setzt Langeweile häufig als Lockmittel ein, das Sie in neue Bereiche führen soll.

Wenn Sie mehr direkte Führung anstreben und den Kontakt zu Ihrem persönlichen Geistführer herstellen wollen, gehen Sie als erstes in die Stille.

Selbst im Verlauf eines normalen Tages erleben Sie viele Änderungen im Bewußtseinszustand. Wenn Sie von einem Buch gefesselt sind, fernsehen, sich in den Klängen von schöner Musik verlieren, Tagträumen nachhängen, malen oder ein Instrument spielen ist das jeweils ein anderes Bewußtsein. Diese Zustände stehen mit der rechten Gehirnhälfte, Ihrer kreativen Seite in Zusammenhang. Sie tragen am meisten zum Empfang höherer Führung bei. Der Empfang erfolgt über die rechte Gehirnhälfte und wird anschließend über Gedächtnis und Logik, die in der linken Gehirnhälfte angesiedelt sind, in konkrete Information übersetzt. Durch jeden Moment geistiger Stille verstärken Sie Ihre Empfänglichkeit.

Die Herausforderung in diesen Momenten besteht im Abschalten müßiger, alltäglicher Gedanken, um die Aufmerksamkeit auf Höheres zu richten. Sobald Sie in diesem ruhigen Zustand der Empfänglichkeit an jemanden denken, können Sie seine emotionale und mentale Energie wahrnehmen. Ist der Betreffende bedrückt oder leidet er, kann der Gedanke an ihn Ihr eigenes Energieniveau senken. Empfangen Sie jedoch telepathische Nachrichten von den höheren Ebenen des Universums, gelangen Sie dadurch in Ihr Höheres Selbst. In dem Maße, wie Sie von Licht und Liebe durchflutet werden, können Sie auch die Energie anderer anheben. Vielleicht erheben sich Ihre Mitmenschen nicht genauso hoch (manche aber auch höher), doch Sie können die Schwingung jedes Menschen in Ihrer Umgebung steigern, indem sie Ihr Bewußtsein auf Höheres ausrichten.

Bitten Sie um Führung, sobald Sie in die Stille gegangen sind. Und dann seien Sie bereit, hinzuhören. Achten Sie auf den Körper. Vielleicht ändert sich Ihre physische Wahrnehmung und Sie verspüren eine Art Prickeln, wenn Sie sich nach oben konzentrieren. Formulieren Sie eine klare Frage. Vermeiden Sie nebensächliche Gedanken, die Ihre Aufmerksamkeit ablenken. Wenn Sie sich nur fünf Minuten auf das konzentrieren können, über das Sie mehr zu erfahren wünschen, werden Sie innerhalb dieser kurzen Zeit einen höheren Standpunkt und eine neue Sichtweise entwickeln. Ihr Ruf wird immer erhört. Die einzige Schwierigkeit liegt in Ihrer Fähigkeit, auch tatsächlich hinzuhören.

Wie sendet man Heilkraft aus? Man berührt Menschen, spricht mit ihnen, schreibt ihnen und sendet sein Wissen an sie aus. Ist es Ihre Absicht, nur über Ihre höheren Energiezentren mit anderen in Verbindung zu treten, werden alle Ihre Handlungen aus dieser Haltung heraus erfolgen. Vielleicht fragen Sie sich: «Wie weiß ich denn, ob ich die richtigen Worte gebrauche oder den Körper an den richtigen Stellen berühre, um zu heilen?» Wenn Ihre Absicht heilsam ist, werden auch die Worte und Berührungen die jeweils richtigen für diesen Menschen sein. Auf dieser Ebene gibt es keinen Irrtum. Nur der Verstand und die Persönlichkeit können urteilen und irren. Haben Sie aber eine grundlegend heilende Absicht, ist es gleichgültig, welche Technik oder Methode Sie verwenden, sie wirkt heilend. Der andere muß die Heilung natürlich wünschen, denn wenn er keinerlei Bereitschaft dazu zeigt, ist jeder Versuch wirkungslos. Wenn Sie aber auf jemanden wütend sind und «es ihm zeigen» wollen, sind Ihre Absichten ganz sicher nicht heilsam! Auch der Versuch, den eigenen Ärger durch nette Worte zu verdecken, wirkt dann nicht positiv. In diesem Bereich kann man nicht lügen. Gehen Sie jedoch mit der Absicht des Heilers durch die Welt, wird dieser Einfluß überall spürbar, wohin Sie sich wenden – im Büro, in einem Laden –, selbst wenn Sie bewußt gar nichts dazutun.

Es liegt an Ihnen, Ihrem Wirken eine bestimmte Form zu verleihen.

Gleichgültig, in welcher Form und welchem Bereich Sie höhere Führung anstreben, sie steht unbegrenzt zur Verfügung, sei es nun im Geschäftswesen, einer Heiltätigkeit, in einem künstlerischen Beruf, der Wissenschaft, dem Bildungswesen oder einem anderen Betätigungsfeld. Der Wille, etwas zu tun, zieht auf magnetische Weise die innere Führung und Information an, die Sie benötigen. Die Hauptfunktion der höheren Energiezentren besteht darin, Sie telepathisch mit Ihren höheren Zielen in Einklang zu bringen, mit Ihrer Aufgabe auf der Erde vertraut zu machen und Ihnen die dafür notwendigen Informationen zukommen zu lassen. Durch die Zusammenarbeit mit den höheren Ebenen wird sich Ihr liebevoller Einfluß auf Ihre Umwelt verstärken und der Blick Ihres inneren Auges schärfen. Die Absicht, das zu erlangen, genügt bereits, um Führung von seiten der höheren Mächte zu erhalten.

Wie man die Führung durch höhere Mächte erhält

Übungsbogen

1) Denken Sie an fünf verschiedene Dinge – eine Entscheidung, ein Problem oder eine Wahlmöglichkeit –, in denen Sie im letzten Jahr um Führung gebeten und sie auch erhalten haben.

2) Denken Sie an einen Bereich, in dem Sie jetzt Führung in Ihrem Leben benötigen. Gehen Sie in die Stille, erbitten Sie Hilfe, und achten Sie auf alle neuen Gedanken, die auftauchen. Schreiben Sie diese hier nieder.

Spirituelle Lebenshilfe aus dem Reich des Lichts und der Liebe

Sanaya Roman
SICH DEM LEBEN ÖFFNEN
Schritte zu persönlichem Wachstum und geistiger Kraft
Mit praktischen Übungsanleitungen
240 Seiten, broschiert
ISBN 3-7787-7119-1

Sanaya Roman nennt die Quelle ihrer Inspiration «Orin». Es ist ein spiritueller Lehrer aus einer höheren Welt. Er steht mit unzähligen Realitätsebenen und «Welten» in Verbindung, und überall, wo er seine Lehre aus dem Reiche des Lichtes und der Liebe verkündet, wird das evolutionäre Wachstum im spirituellen Sinne beschleunigt. Seine an uns gerichteten Worte sind reine Kraft, vermögen das Herz zu öffnen und besitzen in allen bekannten Universen Gültigkeit.

Orin lädt uns ein, mit ihm die Reiche des Lichts und der Liebe zu bereisen, von denen wir selbst – als wunderbare Wesen des Lichts – stammen; nur haben wir uns in den dichteren Energien der Erde verfangen. Es gilt, die irdische Welt zu erleben, uns zu entwickeln, heranzuwachsen und zu lernen, wie wir unser Licht der Seele in der Welt der Materie ausdrücken können. Mit Hilfe der Ideen dieses Buches versucht Orin, uns zu den feinstofflichen Bereichen zurückzugeleiten, die wir von Natur aus anstreben.

Orin hat von Anfang an eindeutig erklärt, daß er hier ist, um die Heiler zu heilen und die Lehrer zu lehren. Er zieht all jene an, die an der Spitze einer neuen Bewegung stehen wollen, die immer mehr Menschen ihrem Höheren Selbst öffnen wird. Jene, die den Pfad des Lichts und der Freude beschreiten wollen, lädt er ein, sich beim Lesen dieses Buches mit seiner Essenz zu verbinden und die Gemeinschaft all derer zu fühlen, die dieses Wissen teilen.

Orins spirituelle Lebensschulung vermittelt dem Leser eine neue und wesentlich erweiterte Sicht seines Lebens und seiner Aufgabe in dieser Welt. Praktische und anregende Übungsanleitungen machen die emotionellen, seelischen und energetischen Blockaden transparent. Sie helfen und ermutigen, diese neue Sichtweise zu entwickeln und praktisch anzuwenden. Sie machen frei und offen für das großartige Geschenk, was wir «Leben» nennen.

Hoch-esoterisches Lehrmaterial für ein beschleunigtes geistiges Wachstum in Freude

Sanaya Roman
ZUM HÖHEREN SELBST ERWACHEN
Das Herz dem Bewußtsein des Lichts öffnen
Mit praktischen Übungsanleitungen
320 Seiten, broschiert
ISBN 3-7787-7118-3

Dies ist der dritte Band einer bis jetzt beispiellos erfolgreichen geistigen Lebensschulung. Das hoch-esoterische Material dieses Buches diente ursprünglich zur Ausbildung einer kleinen ausgesuchten Arbeitsgruppe zur Erreichung höherer Bewußtseinszustände durch geführte Meditationen, Energie- und Atemarbeit.

Dieses absolut neue Lehrmaterial für ein beschleunigtes Wachstum in Freude (und nicht als Kampf) verhilft zu ungeahnten und wunderbaren Veränderungen im Alltag. Es können damit alte Verhaltensmuster durchbrochen werden, um zu einer größeren Schau des Lebens zu gelangen. Es leitet an, die Schleier der Selbstillusion zu heben, die eigene Wahrheit zu erkennen, seine Schwingungen zu erhöhen, das Herz zu erweitern und sich selbst neu zu erfahren – auf dem Weg der Liebe.

Nach dieser Lernstunde kann jeder Quell des Lichts werden und, frei von Erwartungen, erfüllende Beziehungen mit anderen eingehen. Es wird keine Einsamkeit mehr geben und keine Angst vor sich selber. Eine neue Leidenschaft für das Leben in Selbstakzeptanz, Gelassenheit und in einem Gefühl von Ganzheit wird sich einstellen. Es ist wie ein wirkliches Nach-Hause-Kommen. Alles wird wieder ursprünglich und bedeutungsvoll.